口座開設から銘柄選定・利益確定まで

ファイナンシャルプランナーが手取り足取り教える

新NISA

小山信康

彩図社

はじめに

新NISAは、税金がかからない制度なので、お得です。

確定申告といった面倒な作業もないので、お手軽です。

だから、やってみてください。


……と言われても、まだやる気は起こらないでしょう。

この程度のことは、ネットの情報や友人から聞いた話でとっくにご存知でしょうし、それでも行動しなかったからこそ、本書を手に取っていただいているのだと予想しています。

なぜやる気が起こらないのでしょう。

万が一、お金のことで失敗をすると、なんだか取り返しがつかないような気がするからではないでしょうか。

実はそんなことはないのですが、気持ちはわかります。失敗するのって怖いですよね。

しかも、初手から間違えてしまうと、その後ずっとやる気が出なくなってしまいそうです。その気持ちもわかります。

にもかかわらず、ここのところの投資ブームの中で「何もしなくてもいいのか？」というあせりもある……このような心理なのではないでしょうか。

それなら、やはり筆者は**新NISAをおすすめします**。

新NISAは、**利用者にとってすごく良い制度**なので、制度が始まることをきっかけに投資への一歩を踏み出すのは、とても良い選択だと思います。

初心者のスタートのタイミングとして、これ以上にふさわしいチャンスは、今後なかなかないかもしれません。25年間、税金を払いながら投資を続けてきた筆者としては、うらやましいくらいです。

もちろん、投資は義務ではないので、始めなくてもかまいません。ですが、新NISAのスタートによって、投資はますます身近なものになっていくでしょう。

いずれ来るかもしれない、投資が当たり前の時代に対応できるよう、少しずつ行動を始めていただきたいと思います。そのための手助けを本書で、手取り足取り、しっかりとさせていただきます。

もくじ

序章
新NISAはここがすごい

1章 新NISAでできるすごい投資

2章

ホップ　資産を配分しよう

3章 ステップ 商品を選ぼう

4章

ジャンプ 金融機関を選ぼう

5章

損をせずに続けていくための心得

本書の内容は２０２３年12月現在のものです。
最新の情報については、各機関のウェブサイト等をご確認ください。

序章

新NISAはここがすごい

1 新NISAはここがすごい

新NISAは「すごい」です。**利用者にとってすごく良い制度**です。構想が発表された当初に、筆者が「そんなこと、できるわけないだろう」と思ったくらい、良い制度に生まれ変わります。

そもそも、2023年まで採用されていたNISA（少額投資非課税制度、以下旧NISA）も良い制度でした。何が良いかというと、**「いくら儲《もう》かっても税金がかからない」**のです。

通常、何らかの手段で得た利益は、所得税や住民税の対象となります。しかし、NISAの口座を利用した投資では、税金がかからないのです。

投資額が2倍になっても3倍になっても、100万円儲かっても1億円儲かっても、**税金はタダ**です。税制上、こんなにおいしい制度は他にありません。

しかも、2024年から始まる**新NISA**は、次ページからの通り、**さらにすごい**のです。

100万円の利益が出た場合…

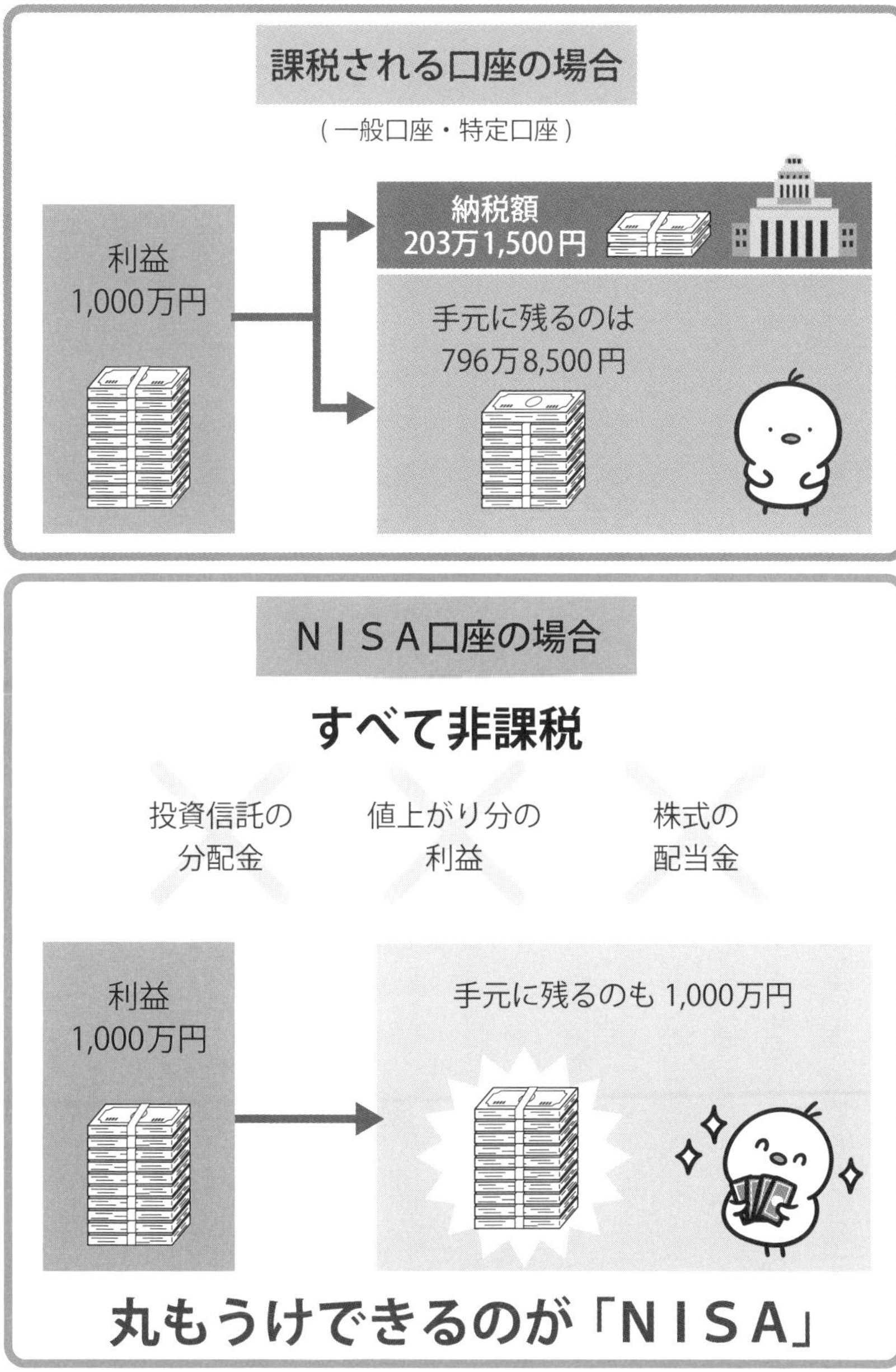
課税される口座の場合
（一般口座・特定口座）
利益
1,000万円
納税額
203万1,500円
手元に残るのは
796万8,500円
ＮＩＳＡ口座の場合
すべて非課税
投資信託の
分配金
値上がり分の
利益
株式の
配当金
利益
1,000万円
手元に残るのも 1,000万円
丸もうけできるのが「ＮＩＳＡ」

2

新NISAのすごいポイント①

非課税保有期間が無期限になった

2023年までのNISAには、非課税の運用期間に5年や20年といった期限がありました。たとえば、2023年に40万円で購入した商品が、20年間値上がりすることなく2043年を迎えてしまうと、もう非課税での運用はできなくなります。

しかし、新NISAは**非課税保有期間が無期限**となっているので、長い目で値上がりを待つことができます。

投資をする上で「時間的な余裕がある」というのは、**じゃんけんで後出しができるくらい有利な話**です。

みなさんが購入した商品が、その後値下がりしたとします。もしそこで、5年や20年といった非課税保有期間に期限がある場合は、期限が切れた時点で、泣く泣く売却して損失を受け入れるしかありません。しかし、無期限であれば、長期的な値下がりに遭遇しても、損失覚悟で売却せずに、じっくり値上がりを待つことが可能なのです。

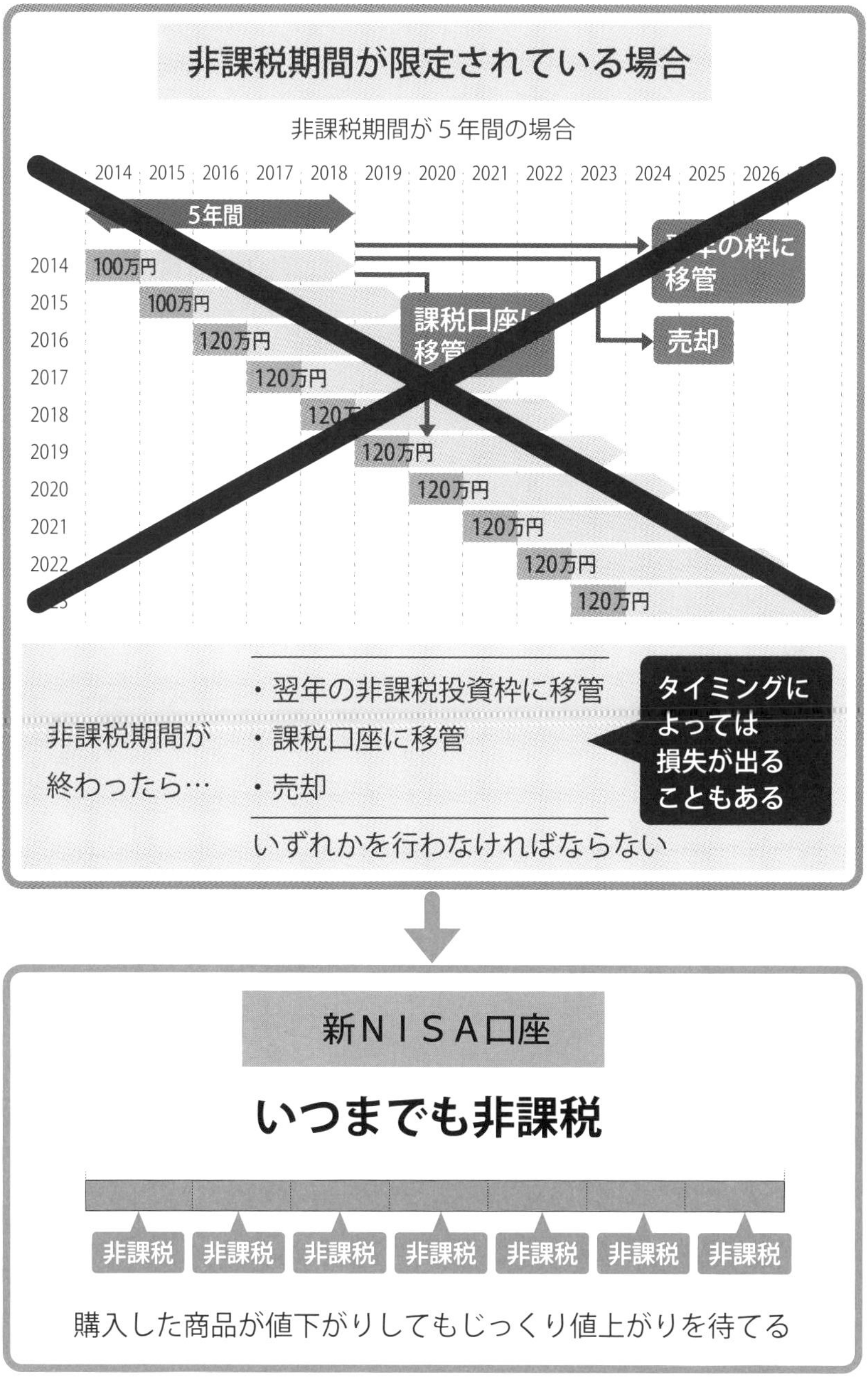
非課税期間が限定されている場合
非課税期間が５年間の場合
2014 2015 2016 2017 2018 2019 2020 2021 2022 2023 2024 2025 2026
5年間
2014 100万円
2015 100万円
2016 120万円
2017 120万円
2018 120
2019 120万円
2020 120万円
2021 120万円
2022 120万円
120万円
の枠に
移管
課税口座
売却
非課税期間が
終わったら…
・翌年の非課税投資枠に移管
・課税口座に移管
・売却
いずれかを行わなければならない
タイミングによっては損失が出ることもある
新ＮＩＳＡ口座
いつまでも非課税
非課税
非課税
非課税
非課税
非課税
非課税
非課税
購入した商品が値下がりしてもじっくり値上がりを待てる

3

新NISAのすごいポイント②

非課税枠が拡大し併用可能になった

2023年までのNISAでは、その年ごとに「つみたてNISA」「NISA（以下、一般NISA）」のどちらか一方のみしか利用できませんでした。そのため、非課税で投資しようと思っても、年間最大120万円が限界でした。簡単に言えば、「使い勝手が悪かった」のです。

一方、2024年から始まる新NISAは、すごく使い勝手が良くなりました。従来のつみたてNISAにおおむね該当するものを「**つみたて投資枠**」、一般NISAに該当するものを「**成長投資枠**」と呼びますが、この**2つの併用が可能**になったからです。

たとえば、2024年の上半期に「つみたて投資枠」を使って投資信託を購入、下半期に「成長投資枠」を使って上場株式に投資するといったこともできるのです。

しかも、**つみたて投資枠だけで120万円**、**成長投資枠だけで240万円**と、それぞれの年間投資枠が拡大されています。結果的に、**合わせて最大で年間360万円まで投資できる**のです。

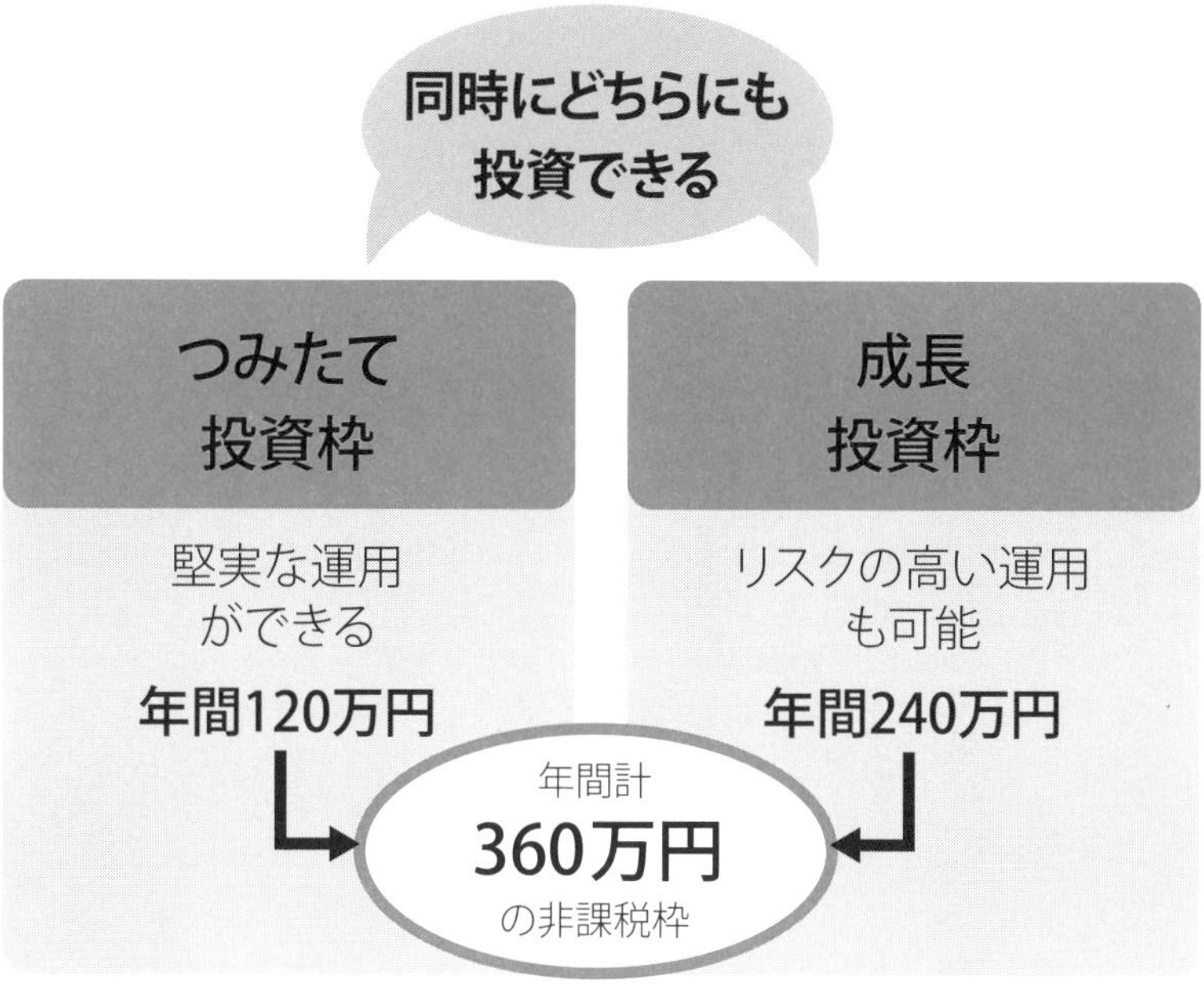

ここで、「なんだ、やっぱり上限額が決まっているのか」とため息をつくのは、よほどのお金持ちだけです。普通の人がこの年間投資枠を気にすることはありません。

有価証券（株式、投資信託、公社債）を保有している半数以上の人の投資額は、３００万円未満となっています（日本証券業協会の調査による）。

しかも、すでに個人投資家として日本証券業協会の調査対象になっている人でも、１０００万円以上の有価証券を持っている方は４割にも満たないのです。

つまり、１年間で区切っても、**普通の人が投資したい総額の枠は余ってしまう**のです。

投資初心者であれば、新ＮＩＳＡの投資上限額に使い勝手の悪さを感じることはないでしょう。

4 新ＮＩＳＡの概要

ここまでは、新ＮＩＳＡを旧ＮＩＳＡとの比較で見てきましたが、ここであらためて、新ＮＩＳＡの概要について確認してみましょう。

とくに確認したいのが、**「つみたて投資枠」**と**「成長投資枠」**の違いです。

つみたて投資枠の良いところ

先に結論を書くと、初心者であれば、とりあえず「つみたて投資枠」から活用するのが良いでしょう。なぜなら、**「つみたて投資枠」は初心者でも比較的利用しやすい**からです。

「つみたて投資枠」で購入できる商品には、一定の制限があります。

左の表の投資対象欄に「長期の積立・分散投資に適した一定の投資信託」とありますが、これをもう少し詳しく言うと、「投資初心者をはじめ幅広い年代の方にとって利用しやすい」商品として、

新ＮＩＳＡの概要

	つみたて投資枠	成長投資枠
対象年齢	18歳以上	
総額非課税枠	計 1,800万円（簿価残高で管理）	
		うち 1,200万円
年間非課税枠	計 360万円	
	120万円	240万円
非課税保有期間	無期限	
投資対象	長期の積立・分散投資に適した一定の投資信託・上場投資信託	株式・投資信託等 上場投資信託（ETF等） など （一部除外あり）
運用方法	積み立て	スポット（好きな時に購入） 積み立て
売却枠の再利用	可能	

（金融庁「新しい NISA」https://www.fsa.go.jp/policy/nisa2/about/nisa2024/index.html を参考に作成）

つみたて投資枠

年間120万円

★初心者も利用しやすい

★購入できるのは金融庁が指定した商品のみ（約260種）
（株式のみを投資対象とする投資信託
あるいは株式を含む複数の資産を投資対象とする投資信託）

★総額非課税枠を「つみたて投資枠」で使い切ることも可能

金融庁が指定したものだけが選べるということです。

64ページから詳しく説明しますが、投資信託であれば、株式を投資対象としていても、複数の銘柄で運用するので、ある程度リスクを抑えることができます。

全部で**約260種類**の投資信託です。260種類あれば、「これがいいな」という投資信託が見つかるはずです。総額1800万円の非課税保有枠のすべてを、この「つみたて投資枠」で使い切る方法も考えられます。

成長投資枠の良いところ

一方、投資中級~上級者であれば、「成長投資枠」の積極的な利用を検討していいでしょう。

成長投資枠には、**上場株式にも投資できる**というメリットがあります。

株式のことはよく分からないという人でも、株式投資

成長投資枠

年間240万円・総額1,200万円

★より多くの利益を狙った挑戦的な投資ができる

★商品の選択肢が多い（約2000種類の投資信託＋上場株式等）
（債券のみやＲＥＩＴのみで運用する投資信託を選ぶこともできる）

★スポットでの投資が可能（積み立てなくてもいい）

がハイリスク・ハイリターンであることはイメージできるでしょう。購入した株式を発行している企業が倒産してしまうと、大きな損失が出てしまいますが、企業が成長すれば、大きな利益が期待できます。

「成長投資枠」では、そんな投資も可能になっているとお考えください。

もちろん、「成長投資枠」でも投資信託を購入できます。選べる投資信託は「つみたて投資枠」よりもずっと多く、**約２０００種類**です。

またその内容についても、「つみたて投資枠」では購入できない、債券のみやＲＥＩＴのみで運用する投資信託を選ぶことができるなど、選択肢が多くなります。

なお、「成長投資枠」は**総額で１２００万円まで**です。

そのため、新ＮＩＳＡ全体の非課税保有枠をフル活用し

空いた枠は再利用できる

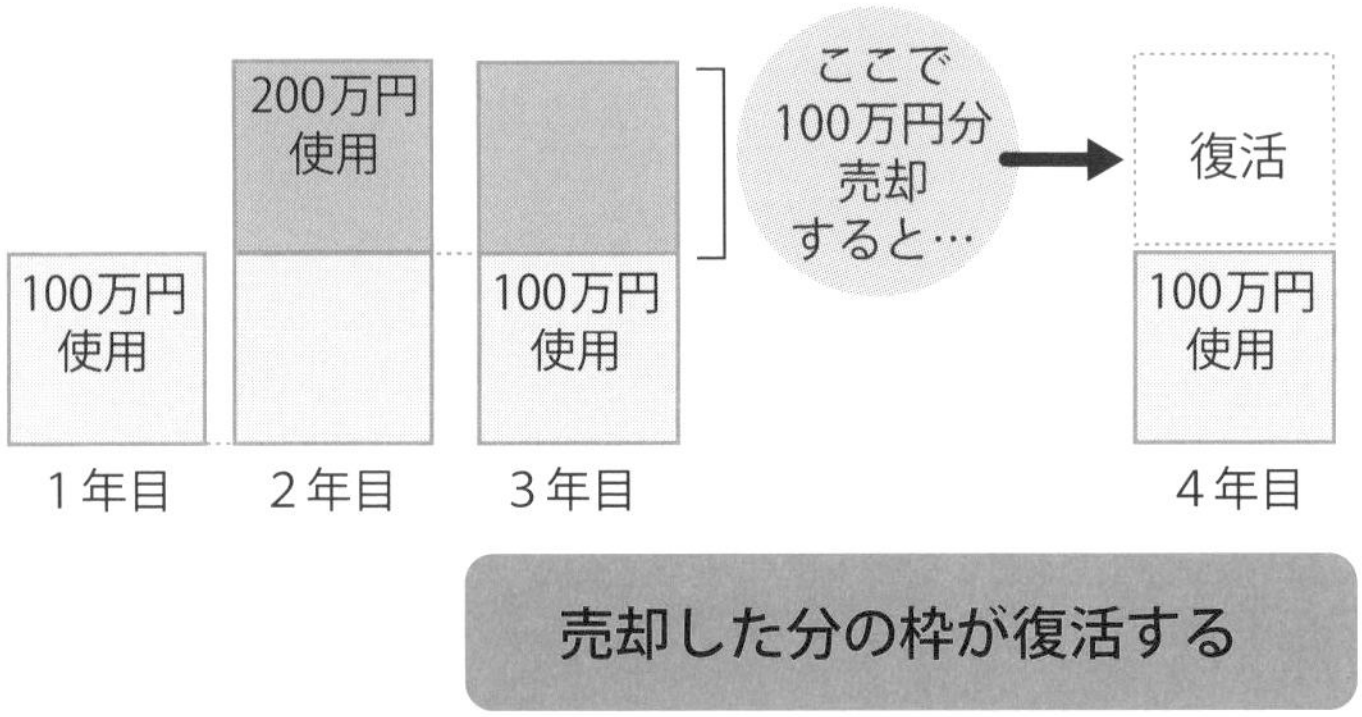

たい場合は、「成長投資枠」だけではなく「つみたて投資枠」を600万円分利用することになります。

空いた枠は繰り返し使える

新NISAの非課税投資枠は、年間360万円です。ということは、2024年からつみたて投資枠と成長投資枠をフルに使う人は、2028年に総額1800万円の非課税投資枠を使い切る計算となります。

すると、その人はもう、2029年から新NISAで新たな投資を行うことができないのでしょうか？

そんなことはありません。非課税投資枠で所有している商品を解約（売却）すれば、ポッカリとその**非課税投資枠が空く**からです。

あらかじめ申しますと、どんなに頑張っても2027年ま

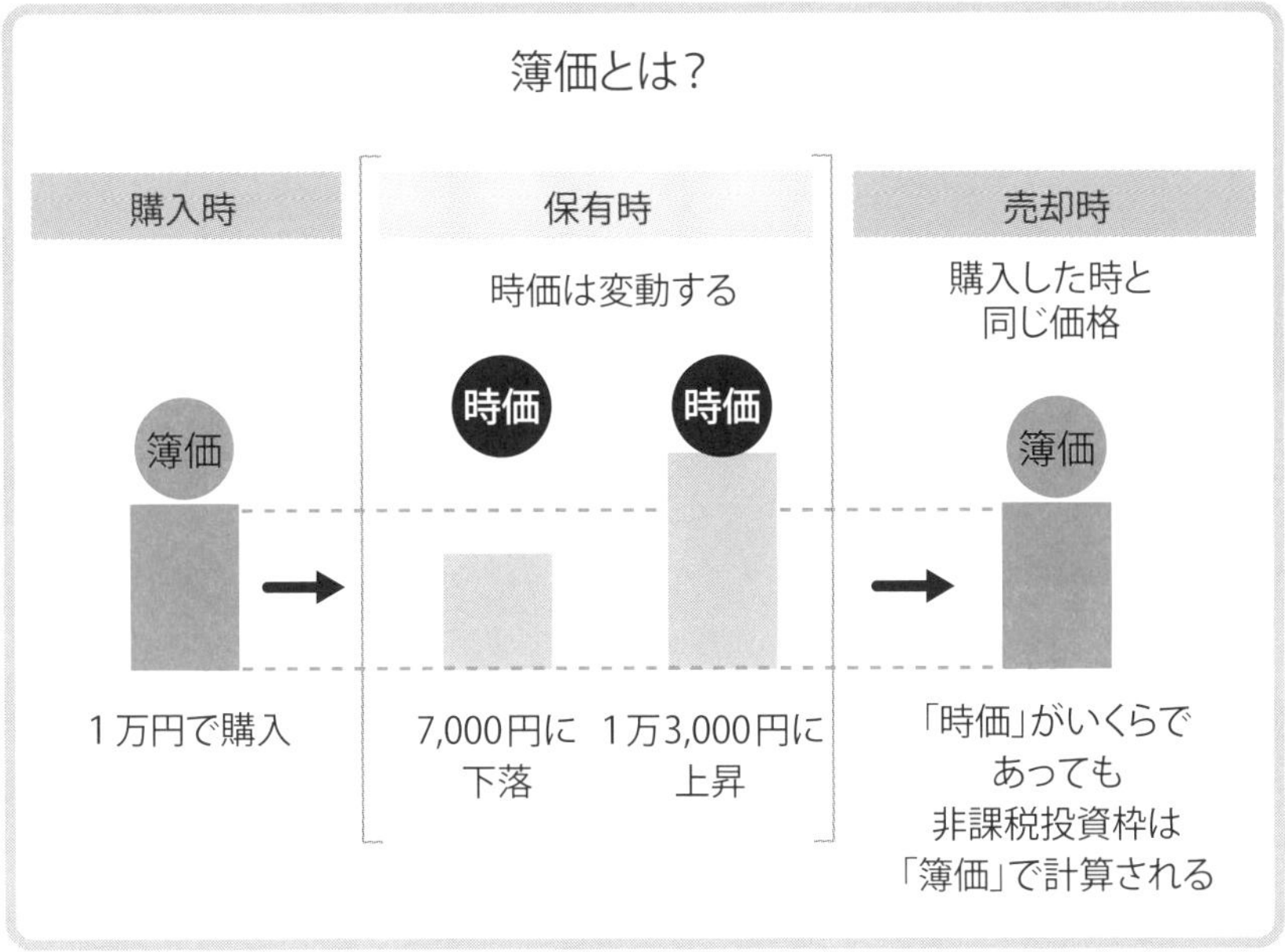

では１８００万円の非課税投資枠が埋まることはありません。

「持っている商品がどんどん値上がりして、評価額の総額が１８００万円を超えたら、もうダメなのでは？」と不安になる人がいるかもしれませんが、その心配もありません。

非課税投資枠は**「簿価残高方式」**、つまり購入した価格でのみ計算されるので、その後値上がりしても値下がりしても、使っている非課税投資枠の金額が変わるようなことはありません。

そのため、２０２８年の年末まで１８００万円の非課税投資枠のことを忘れていても大丈夫です。成長投資枠を優先して使う方も、１２００万円の投資枠を超えることはありません。

２０２９年以降、もし１８００万円の非課税投資枠が埋まっている方が、新たに投資をしたい場合は、所有している商品の一部を売却する必要があります。つまり、**持っているものを売ることによって、非課税枠に空きを作る**形となります。

非課税枠を目いっぱいに使って売買を続けたい人は、２０２９年以降、買いたい商品を見つけることとともに、持っているものの中で売却する商品の候補もあらかじめ考えておく必要があるでしょう。

なお、総額１８００万円の枠を５００万円程度空けたとしても、年間では１２０万円（つみたて投資枠）、２４０万円（成長投資枠）の範囲内という制限は続きます。

1章

新NISAでできるすごい投資

1

急いで新NISAを使わなくてもいいけれど…

ここまで、新NISAの良いポイントと概要を紹介してきました。

とはいえ、良い制度があると分かっていても、初心者の方の中には、たぶん投資を躊躇される方もいることでしょう。そのような方にとっては、無理に新NISAを利用しない、つまり投資そのものをしないという選択をするのもひとつの方法です。

投資は義務ではありませんから、あせって無理に始める必要はありません。

ただ、**投資を始めないことによってリスクを抱えるかもしれない可能性**には注意が必要です。

昨今のインフレによって、多くのモノやサービスが値上がりしました。値上がりしたということは、相対的に貨幣の価値が低下したということを示します。

もちろん、利息で預貯金を増やしていくのもひとつの方法ではありますが、「増えていると思っていたら、実質的な価値は減っていた」とならないようにしたいものです。

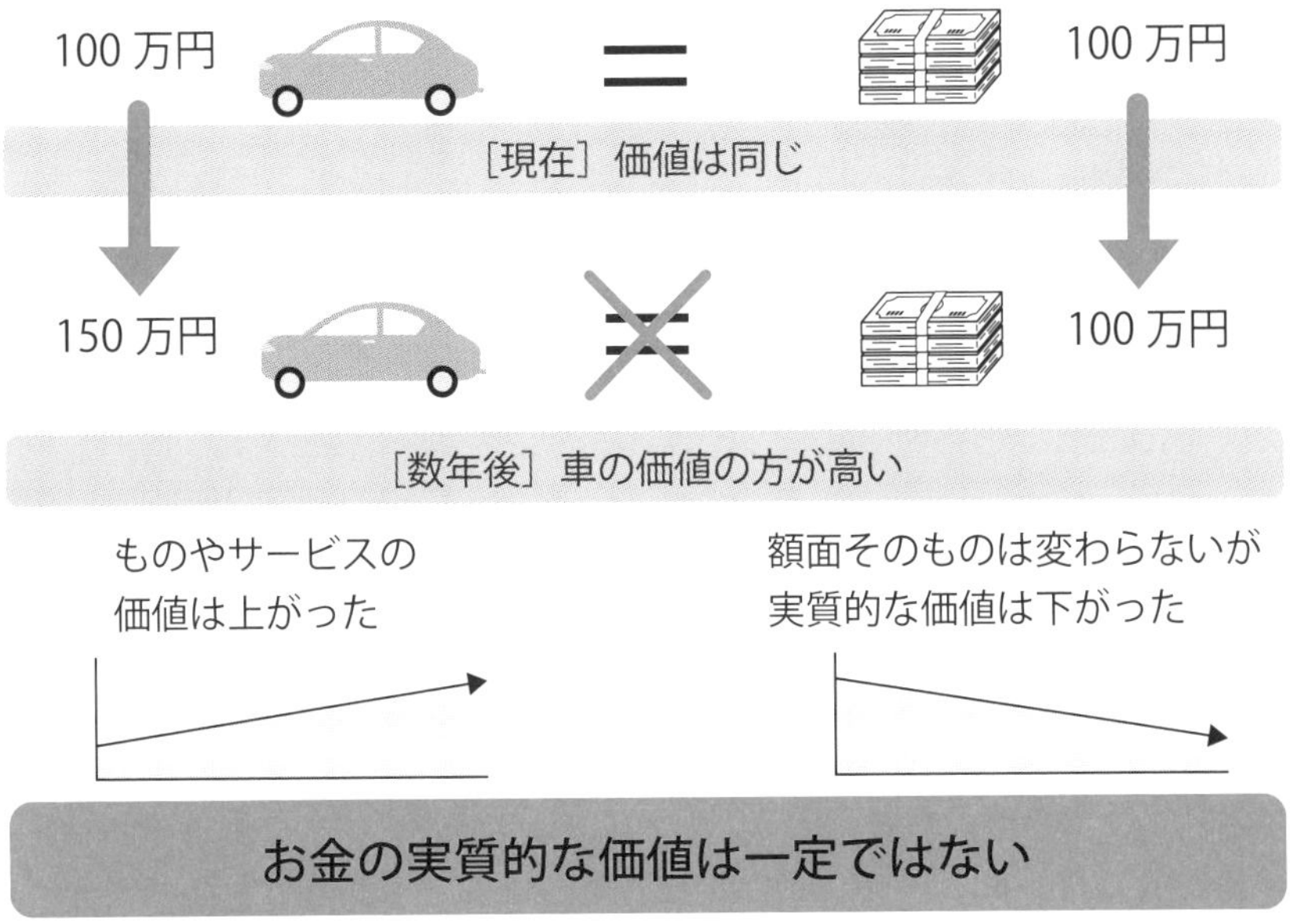

その手段のひとつとして、投資は有効と言えます。できれば、いま躊躇している人ほど、ぜひ**少しずつ投資する**ことを考えてみてください。

無理に新ＮＩＳＡの非課税投資枠のすべてを使う必要はありません。「毎月1万円ずつ」といった形で、徐々に利用することを検討してみてください。

年間12万円程度の投資であれば、もし一時的に損をしたとしても、みなさんの生活を激変させるほどの影響はないはずです。

また、少しずつ投資を続けることによって**リスクを小さくする効果**も期待できます。

持っている資産をすべて一気に投資するとなるとハードルが上がりますが、収入の一部を蓄える気持ちで、数万円ずつ積み立てる姿勢であれば、落ち着いて投資と上手に向き合うことができるはずです。

2 投資は一発勝負よりコツコツが有利

8月	9月	10月	11月	12月
9,000円	8,000円	7,000円	8,000円	8,000円
10,000円	10,000円	10,000円	10,000円	10,000円
11,111口	12,500口	14,286口	12,500口	12,500口

結果のまとめは30ページ

除々にスタートして続けることが大事

投資を始めようと思ったら、すぐにでも株や投資信託を買いたくなるかもしれませんが、ちょっと待ってください。まずは次の言葉を思い出しましょう。

「急《せ》いてはことを仕損じる」

せせこましいことをせず、大きく投資をして大きく儲かる結果を期待したい気持ちは分かります。

しかし、あせって大金をつぎ込んでしまうと、たと

基準価額の推移

	1月	2月	3月	4月	5月	6月	7月
基準価額	10,000円	9,000円	8,000円	7,000円	6,000円	7,000円	8,000円

①積立の場合

積立	10,000円	10,000円	10,000円	10,000円	10,000円	10,000円	10,000円
購入口数	10,000口	11,111口	12,500口	14,286口	16,667口	14,286口	12,500口

②一発勝負の場合

金額	120,000円
購入口数	120,000口

え分散投資をしていても、大きな損失をこうむる危険性が高まってしまうのです。

ここでもうひとつ思い出していただきたいのが、**新ＮＩＳＡは長期投資用のしくみ**であるということです。

長距離走の時に１００メートル走のような全力スタートをしないのと同様、長期投資においては、**「徐々に」スタートし、そのペースを維持していくことが大切**なのです。そして、一定のペースを維持しながら投資する方法こそが、「**積立**」です。

数字で見る積立の効果

積立の効果は、**数字にはっきりと表れます。**

上の表をご覧ください。これは、架空の投資信託に

①積立の場合

投資額	120,000円
購入口数	154,246口
評価額（12月時点）	123,397円
評価益	3,397円

↓

利回り2.8%

ドル・コスト平均法

②一発勝負の場合

投資額	120,000円
購入口数	120,000口
評価額（12月時点）	96,000円
評価損	-24,000円

↓

予想が外れると大きな損失を生む

1年間で12万円分投資した2つのケースです。①が積立の場合、②が一発勝負の場合です。

1月の時点で1万円だった基準価額は、下落や上昇を繰り返し、12月時点では8000円と低迷しています。そのため、一発勝負のケースでは2万4000円もの評価損になっています。じつに20％もの値下がりです。単純に考えれば、このような状況で収益を得るのはかなり難しいと感じられます。

ところが、積立のケースでは、なんと3000円以上の評価益となっています。大きな金額には見えないかもしれませんが、単純に利回りを計算すると2・8％になります。投資信託自体の運用は芳しくなかったにも関わらず、計算上、収益を得ることが可能であったことが分かります。

なぜ**積立ではプラスの評価益**になったのか。

前ページの表をよ〜く見れば、みなさんも想像がつくはずです。

同じ金額分だけ投資を続けた結果、基準価額が比較的低い時には多めの口数、高い時には少なめの口数を購入していることがわかります。**さりげなく上手な買い物を続けていたことになっていました。**だからこそ、積立ではプラスの評価益となったのです。

一発勝負の場合、「これから値上がりする」予想が当たれば儲けが大きくなりますが、外れてしまえば大きな損失を生んでしまいます。そのため、予想を「当てる」必要があります。

ところが、「積立」の場合は、そのような手間がありません。同じような金額を投資し続けていれば、勝手に上手な買い物をした形になるので、いちいち頭を捻る必要がないのです。

このような方法を「ドル・コスト平均法」と呼んでいますが、投資の基本として多くの人が活用している、**もっとも簡単で賢い投資テクニックのひとつ**と言えます。

なお、つみたて投資枠では、購入方法が積立のみとなっています。一方で、成長投資枠では一発勝負も可能です。

一発勝負での投資を考えていた方は、あらためて積立の賢さを確認して、その投資方法を再検討しましょう。

3 値下がりをそれほど気にしなくていい長期投資

世の中には、「デイトレーダー」と呼ばれる投資の専門家もいます。1日、あるいは数秒単位で株式等を売買することで、利益や損失を確定する人たちのことです。

彼らにとって、新NISAはほとんど意味がありません。1日で何百万円、何千万円という単位で購入・売却を繰り返すので、年間360万円程度の非課税枠など、あっという間に使い切ってしまうことが目に見えています。

みなさんは、彼らのことを気にしなくてかまいません。みなさんがこれから始める投資は、デイトレーダーとは真逆の位置にあるものと考えていただければ良いでしょう。

新NISAは、**長期投資**向きの制度です。だからこそ、みなさんにはデイトレードのようなせっかちな投資をしていただきたくないのです。

基本的なスタンスとして、**購入した商品が1年や2年値下がりしても気にせずにいられるよう**

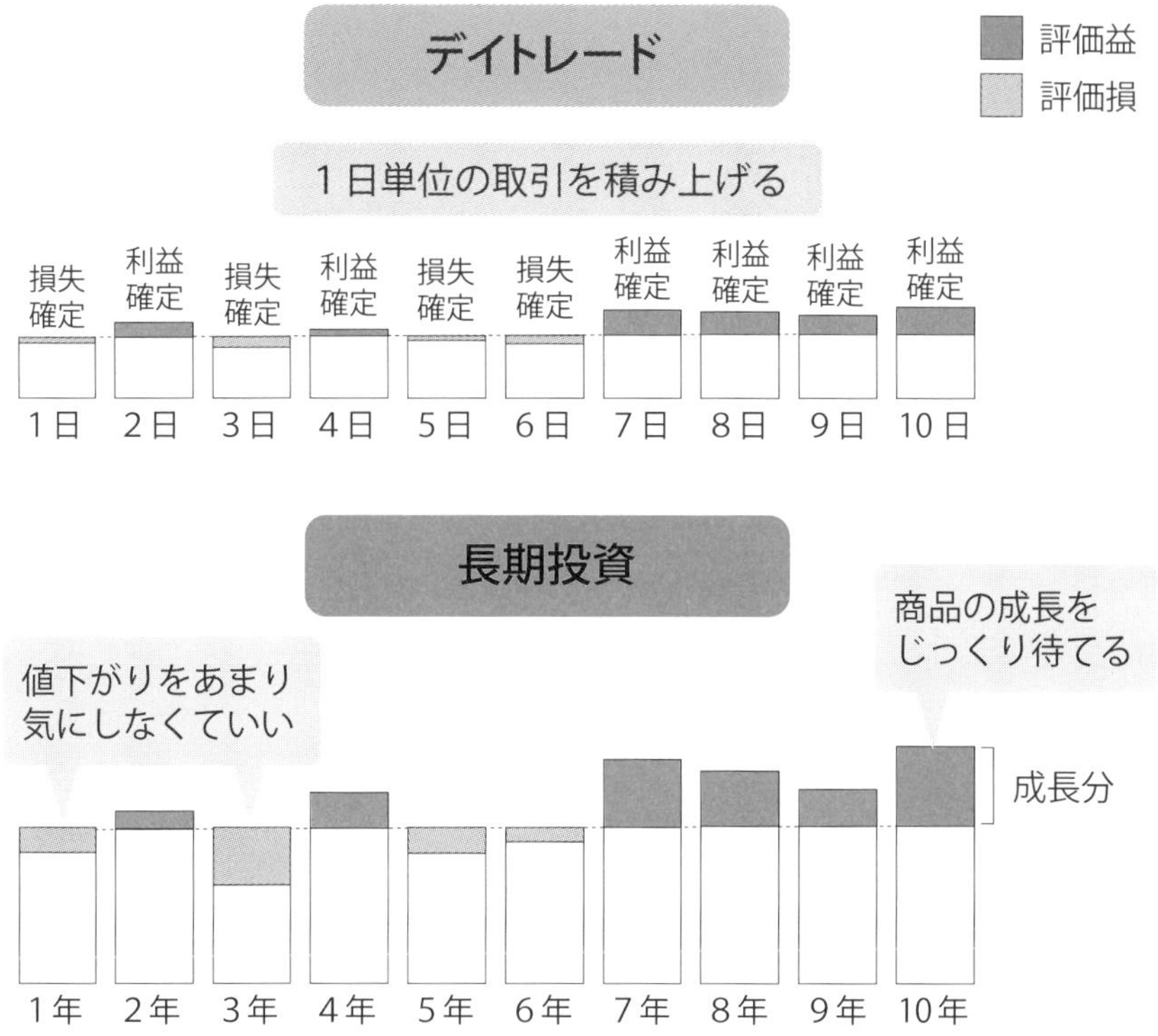

な運用を心がけましょう。「すぐに儲かるかどうか？」は考えず、5年や10年後、あるいは20年後に向けて、「その商品が成長するかどうか？」という将来性に目を向けましょう。

新ＮＩＳＡで短期的な儲けを狙うのは、マラソンランナーに１００メートル走で日本記録を狙わせるようなものです。

運良く短期的に値上がりしたとしても、せっかちに売って（利益を確定して）、その後の成長による大きな利益をとりはぐれないようにしましょう。

4 リスクをおさえる分散投資

長期投資のほかに、もうひとつ、多くの初心者の方におすすめできるものもあります。それが**分散投資**です。

いま投資に興味を持っているみなさんなら、この言葉を耳にしたことがあるはずです。初めて聞いたという方は、ぜひこの言葉は覚えてください。これも**投資の基本中の基本**だからです。

とはいえ、実際のところ、分散投資がどうして基本になるのか、よく分からないまま投資をしている人もたくさんいます。そして結果として、分散投資と真逆の「一極集中投資」を続けてしまう人も結構いるのが現実です。

ここで一度、「基本中の基本」を確認しておきましょう。

分散することによってラクに効率的な投資ができる

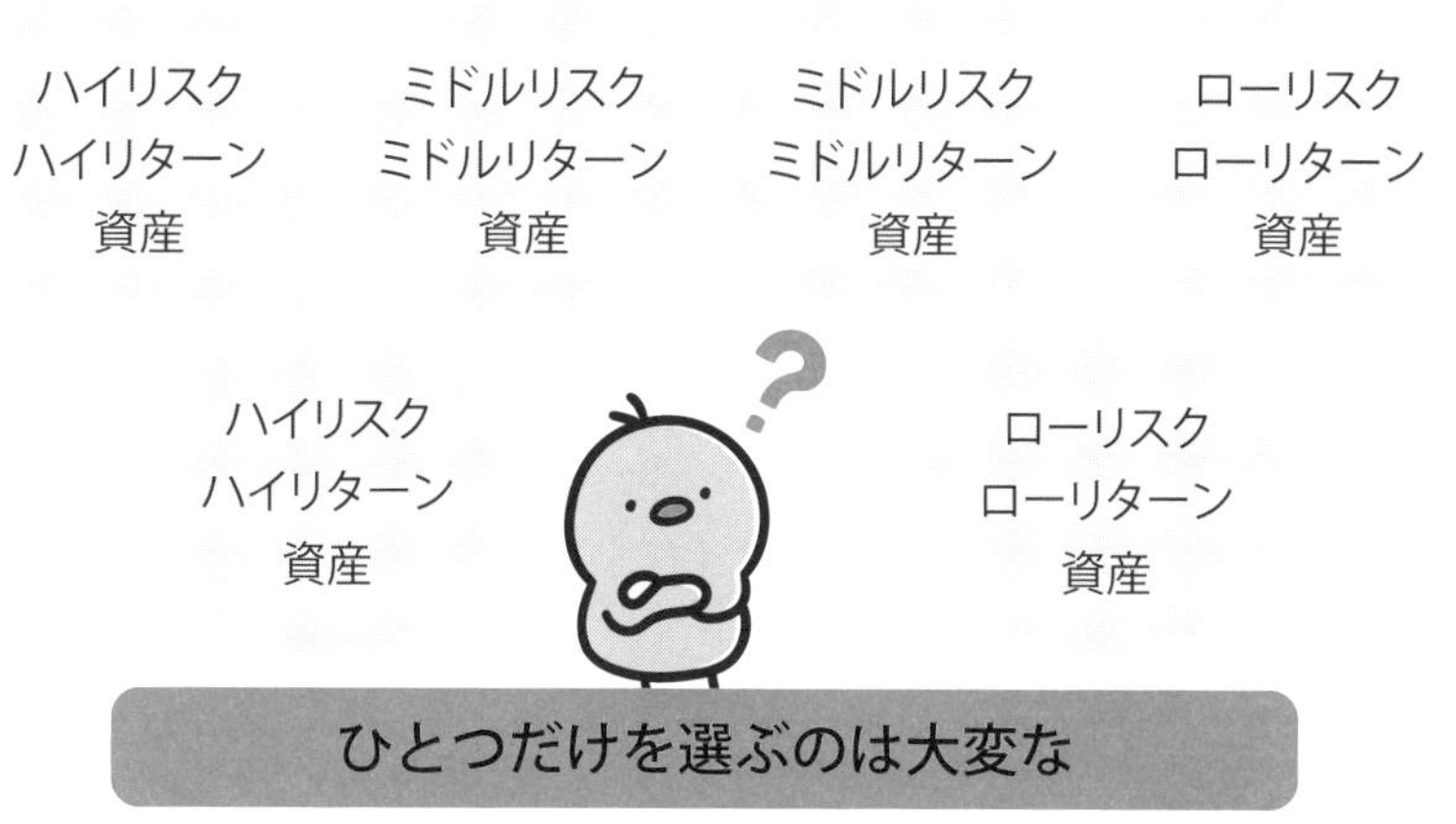

分散投資とは、読んで字のごとく、いろいろな資産に分けて投資をすることです。

２章でくわしく紹介しますが、世の中には、投資対象となる資産がいろいろあります。

当然、それぞれの資産ごとに性格が異なります。「すごく高いリターンが期待できそうだけど高いリスクがありそうな資産」もあれば、「リスクとリターンのどっちも小さそうな資産」もあります。さらに、儲かりそうな時や、損をしそうな時も、それぞれ異なります。

これらの中で、一番儲かりそうなもの「だけを選ぶ」というのが一極集中投資です。これは大変そうですね。どれが今一番儲かりそうなのかを確認するのに手間がかかりそうです。

逆に、いろいろな資産に分けるというのは一見面倒なようにも感じますが、実は**「どれかだけを選ぶ」という面倒な作業を省いている**のです。

それだけではありません。より**「効率的に」投資ができる**点

どちらを選ぶ？

①

100万円投資して、
儲かれば２倍の
200万円になるけど、
損をすると０円

②

100万円投資して、
絶対に50万円儲かる

にも大きなメリットがあります。

上のケースを考えてみてください。

みなさんは、どちらを選びますか？

①を選ぶという方は、このまま読み進めるより、競馬場へ向かった方が良いかもしれません。

ほとんどの方は、②を望むはずです。１００万円儲かるかどうか分からない上、大損するかもしれない①より、半分でも「絶対に儲かる」②の方に魅力を感じたはずです。

つまり、「どれだけ儲かるか」よりも、「絶対に儲かる」ことの方に魅力を感じたのです。これがまさに、**リスク**です。

リスクとは

リスクを直訳すると「**変動幅**」になります。

儲かったり損したりしたときの結果の幅です。絶対に50万円儲か

組み合わせでリスクを小さくする

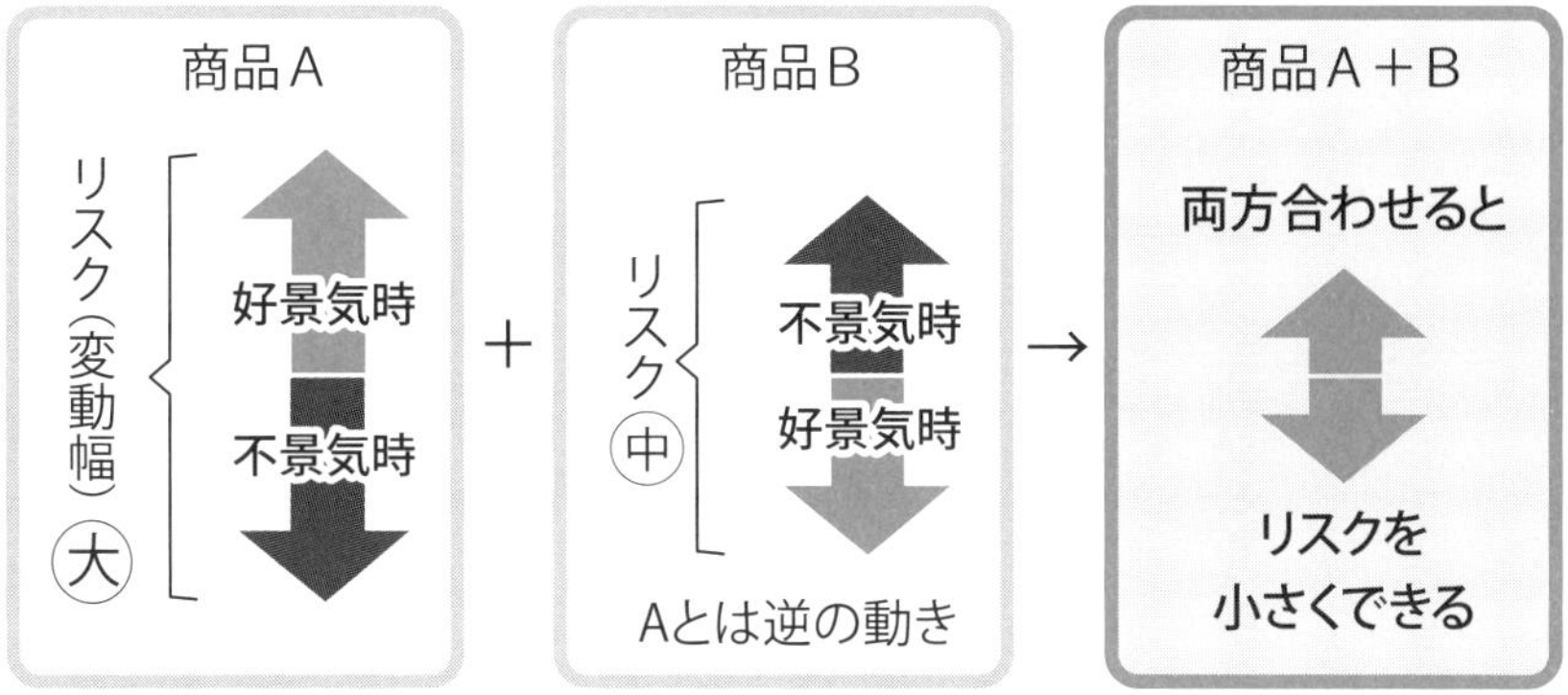

るのであれば、リスクは0ということになります。だから魅力的なのです。逆に、リスクの大きい投資は魅力が低下します。よって、リスクの小さい投資ができる人は賢いのです。

そして、**よりリスクの小さい投資**を実現してくれるのが、分散投資です。

性格の異なる資産を組み合わせることで、**どれかの資産が大きく値下がりしても、他の資産が値上がりすれば、全体的な損失を小さくできます**。

もちろん、どれかの資産が大きく値上がりした時に、他の資産が値下がりして利益が小さくなる可能性もありますが、どちらも結果として、変動幅を小さくできます。

上のようなケースで、Ａだけに投資をしているとリスクが大きくなりますが、ＡとＢに半分ずつ投資することで、結果の変動幅がより小さくなっていることが分かるはずです。

このような、**異なる値動きを示す資産を組み合わせてリスクを小さくする**ことが、分散投資の効果であり、魅力なのです。

5 つみたて投資枠と成長投資枠をどう使い分ける？

新ＮＩＳＡには「つみたて投資枠」と「成長投資枠」があります。みなさんは「まず、どっちを使おうかな？」と考えることでしょう。

迷うのであれば、つみたて投資枠を利用してください。つみたて投資枠を利用していて、「不便だな」「選びたい商品がないな」と感じたら、成長投資枠の利用を検討してみてください。

つまり、優先順位としては、つみたて投資枠の方が上位にあるということです。

その理由としては、以下のものが挙げられます。

①非課税投資枠の制限

新ＮＩＳＡ全体の非課税投資枠は１８００万円です。しかし、成長投資枠だけで１８００万円の枠を使い切ることはできません。成長投資枠は１２００万円までです。一方、**つみたて投資枠**

は１８００万円の非課税投資枠を丸々使い切ることができます。よって、まずはつみたて投資枠を優先的に使い、成長投資枠の方に余裕を持たせておいた方が賢いと考えられます。

②継続投資の制限

つみたて投資枠による投資は積立のみであるのに対し、成長投資枠は積立でも、一発勝負でも投資が可能です。積立による投資を考えているのであれば、わざわざ選択肢の広い成長投資枠を先に使う必要はないでしょう。

また、積立による継続投資が有効であることは29ページで確認しました。少しでも迷いのある中で投資をするのであれば、積立しか選択できないつみたて投資枠を利用した方が、とくに投資初心者は、自分のレベルに合わせた投資ができると言えるかもしれません。

③商品の制限

「つみたて投資枠（約２６０種類）なら投資できるけど、成長投資枠（約２０００種類）では投資できない」ということは基本的にありません。逆に、「成長投資枠なら投資できるけど、つみたて

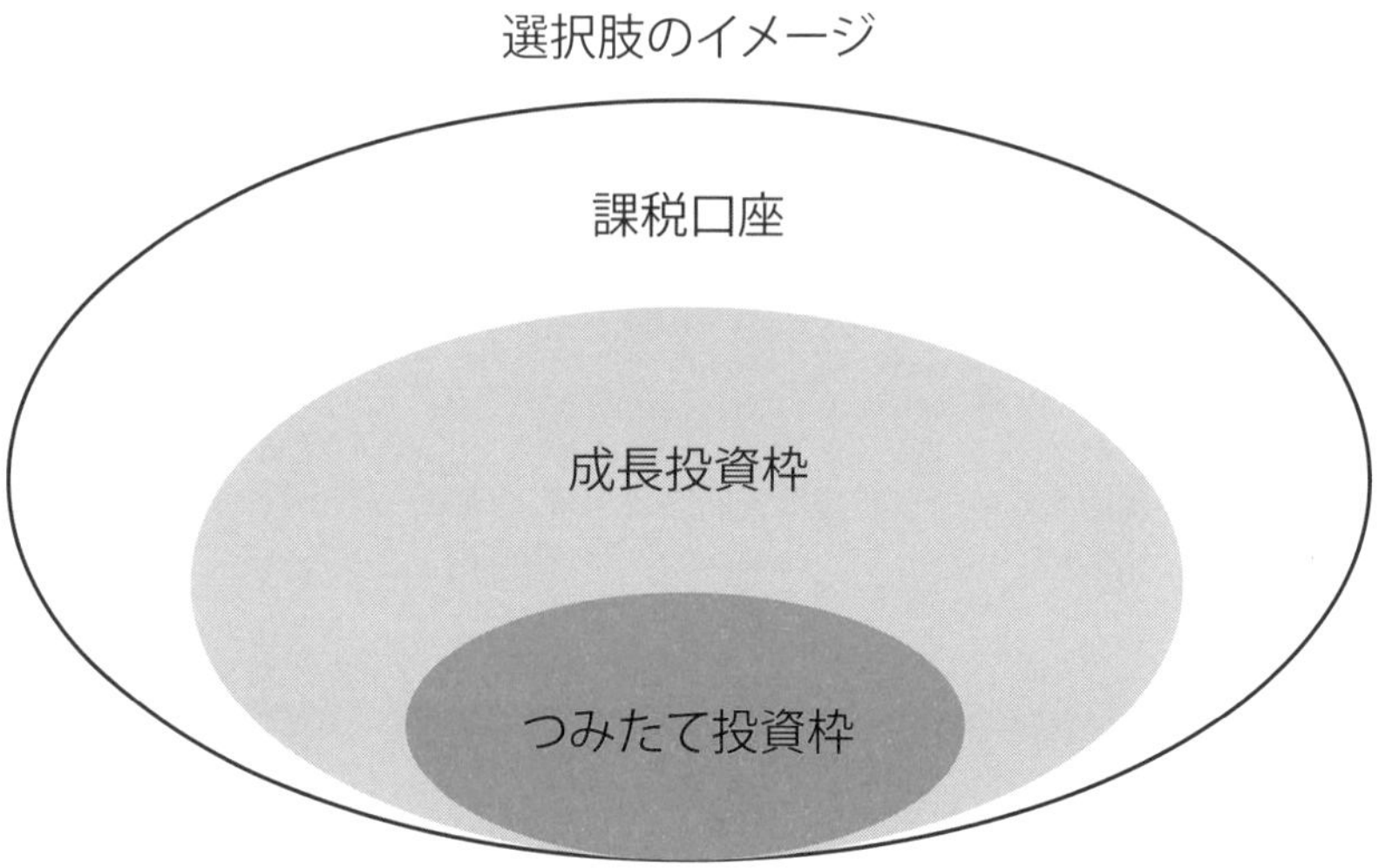

投資枠ではダメ」という商品はザラにあります。

よって、「成長投資枠なら投資できる約1740種類（＝約2000－約260）」でもなければ、とりあえずつみたて投資枠の利用を優先した方が良いでしょう。

もちろん、個別銘柄の株式への投資は成長投資枠のみとなっているので、この場合は有無を言わさず成長投資枠を利用するしかありません。

これらの理由から、まずは2つを使い分けるというより、**つみたて投資枠を優先利用した方がベター**と考えられます。

ただし、1年間で数百万円の投資をするという人は、「使い分け」をしっかりと考えた方が良いでしょう。

それぞれ年間、120万円まで（つみたて投資枠）と240万円まで（成長投資枠）となっているので、年初においてどのようにこの投資枠を使うのかを考えておくと

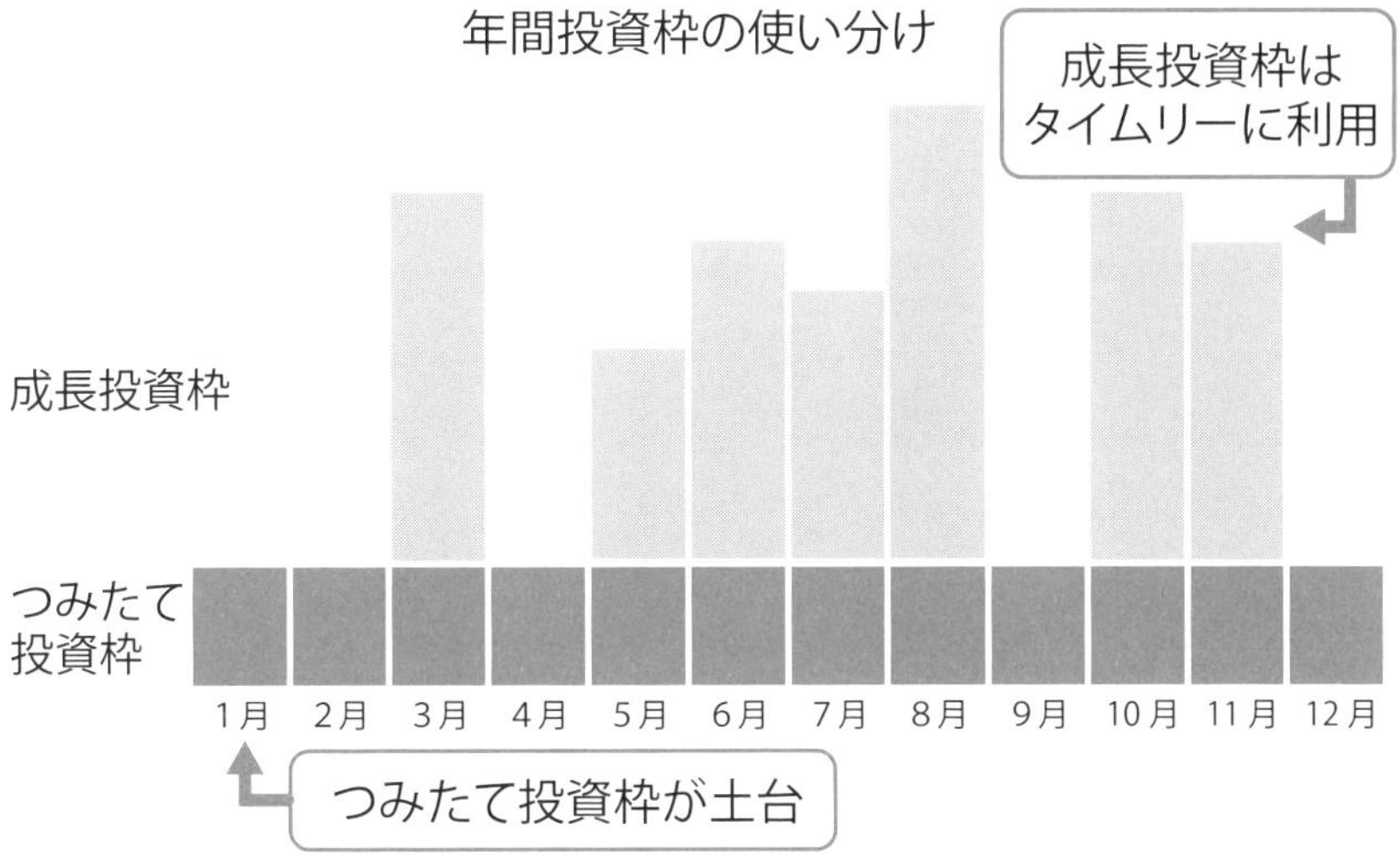

便利です。

とくに、**「つみたて投資枠は積立のみ」**となっているので、一気に１２０万円分を使うということができません。半年に１回の積立に対応している金融機関であれば、60万円まで一度に投資できますが、毎月積立のみに対応している金融機関の場合は、10万円ずつの投資となります。

基本的には、**つみたて投資枠を土台として利用し、成長投資枠はタイムリーに対応する**形で利用すると良いでしょう。

6 投資のための資金はどのくらい？

前述の通り、新NISAは、長期投資向きのしくみです。

これを言い換えれば、「新NISAで投資したお金は、**しばらく使えなくなるかもしれない**」ということです。日常的に使うお金で新NISAを利用するようなことは、絶対に行わないでください。

「値下がりしたらどうしよう……」とドキドキするような投資は、もはや投資ではなくギャンブルです。**自分にとって適切な投資額**を確認しておきましょう。できれば、5年や10年くらいは使うことのないようなお金で新NISAを利用していただきたいところです。簡単に言えば、余裕資金です。

将来の成長が有望そうだった商品も、思いがけず低迷を続けてしまうこともあります。投資で損をするのは、決して可能性の低いことではありません。**損をしても、人生が狂うようなことは**

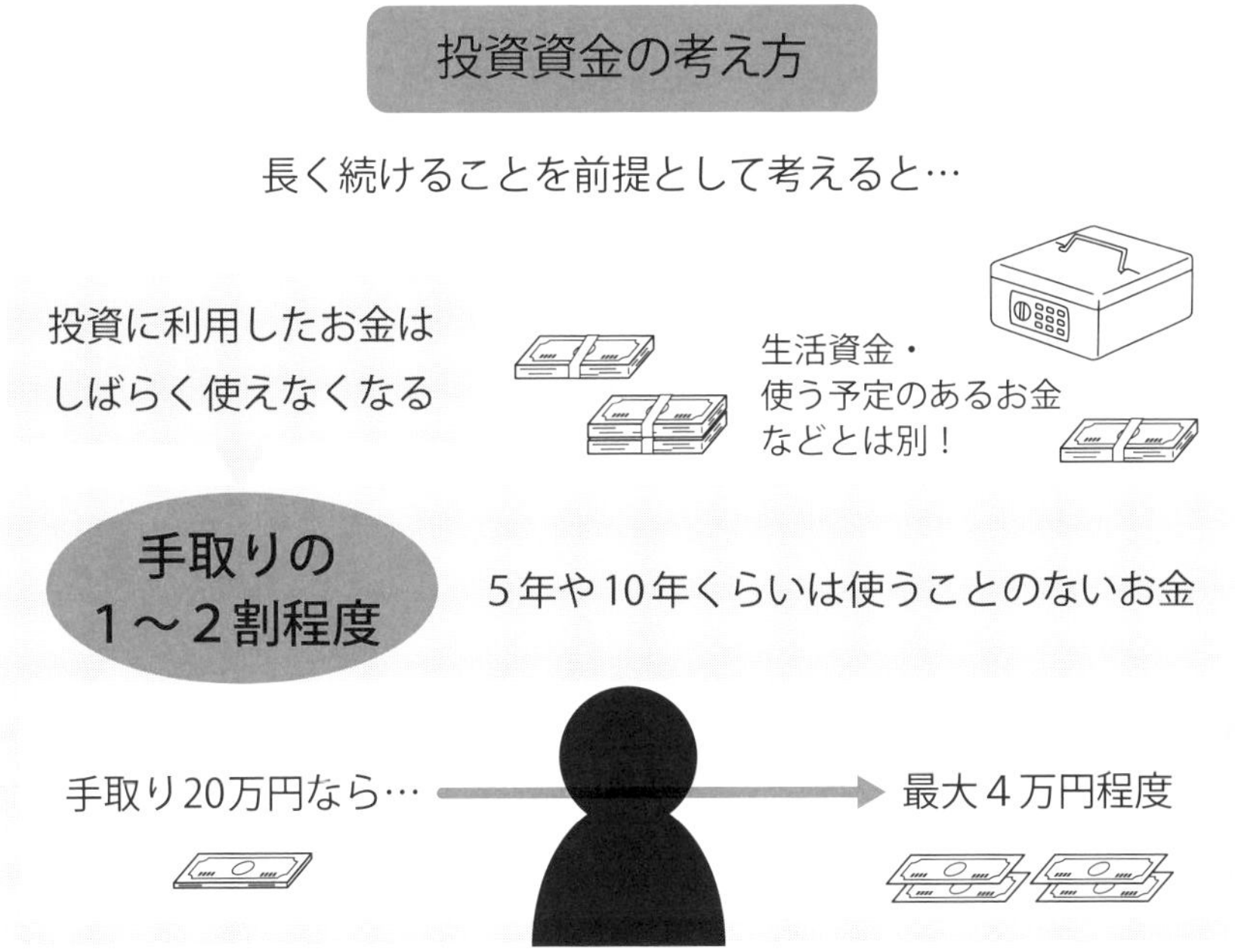

ない程度の投資額に留めておくのが大事です。

できれば今後のライフプランを考えて、今所有している預貯金の使い道を検討する中で、「このお金は10年くらい使うことないな」という部分に関しては、新ＮＩＳＡで投資する資金となりえるでしょう。

収入に関しては、**手取りの1～2割**分、たとえば手取り20万円の人であれば、２万～４万円程度を新ＮＩＳＡで積み立ててみてはいかがでしょうか。ただし、家族構成によっても事情は違ってくるので、慎重に検討してください。

投資できる金額のめどがついたら、商品選び……といきたいところですが、まだ早いです。商品選びの前にやった方がいいことがあるので、それらを見てみましょう。

7 自分の「リスク許容度」はどのくらい？

資産配分を検討する際、株式を多めにすれば、高いリターン、つまりより大きな儲けを期待することができます。

ただ、それは同時に高いリスクをとることも意味します。

自分に合った資産配分を見つけるためには、**自分がどの程度のリスクまで耐えることができるのかを考える必要があります。**

これを**「リスク許容度」**と呼んでいます。

リスク許容度は、自分の年齢や投資経験、考え方等によって異なります。

一般的に、若い人はリスク許容度が高く、年齢の高い人ほどリスク許容度が低いと言われています。投資した商品が値下がりした時に、価格が戻るのを待つ時間的な余裕がないからです。

また、投資経験が豊富な人はリスク許容度が高く、経験の浅い人はリスク許容度が低いと言わ

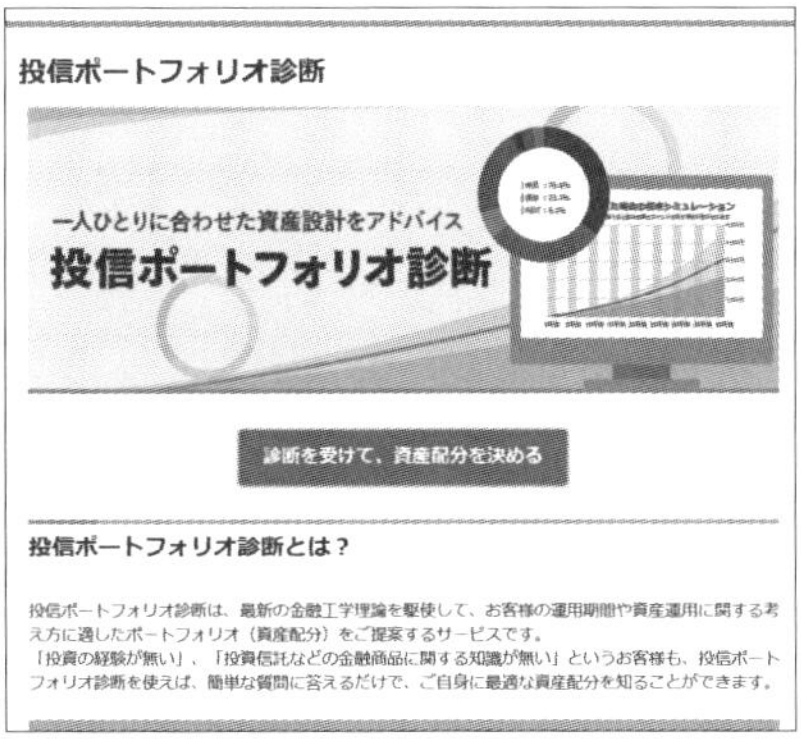

マネックス証券
「投信ポートフォリオ診断」
質問項目全４問。簡単な質問に答えるだけ。表示された資産クラスから商品を探すこともお手軽にできる。
https://info.monex.co.jp/fund/tsumitate/robot-adviser/#/

全国銀行協会
「あなたのリスク許容度診断テスト」
質問項目全12問。収益性・安全性・流動性に分けて診断結果を表示。どの程度、投資に資金を充てることができるかを把握できる。
https://www.zenginkyo.or.jp/article/tag-c/diagnosis/risktest/

れています。

なにごとも、経験の浅い人は**最初からあまり無理をしない方がベター**と考えるのが一般的です。

いろいろな企業が、オンライン上で手軽なテスト素材を提供してくれていますので、役立つものをいくつか紹介します。

これらを参考に、ご自身のリスク許容度を確認して、「このくらいの資産配分がちょうどいいかな？」という目安を考えてみましょう。

8 資産運用のホップ・ステップ・ジャンプ

新ＮＩＳＡがすごく良い制度であることは序章で紹介しました。良いものほど、すぐに使いたくなるものです。

でも、「今すぐに金融機関に行って……」というのは待ってください。

新ＮＩＳＡで行うことは投資です。そして、**投資でもっとも危険な行為が「熱くなる」こと**です。投資に関わる行動や判断を行う際には、常に冷静さを保ってください。

「どの金融機関に口座を開こうかな？」「どんな商品で投資をしようかな？」と、具体的なことを早く決めたくなる気持ちをこらえて、三段跳びと同じ「ホップ・ステップ・ジャンプ」の形で、順を追って始めましょう。

最初の「ホップ」は資産の配分を考えること

資産運用のホップ・ステップ・ジャンプ

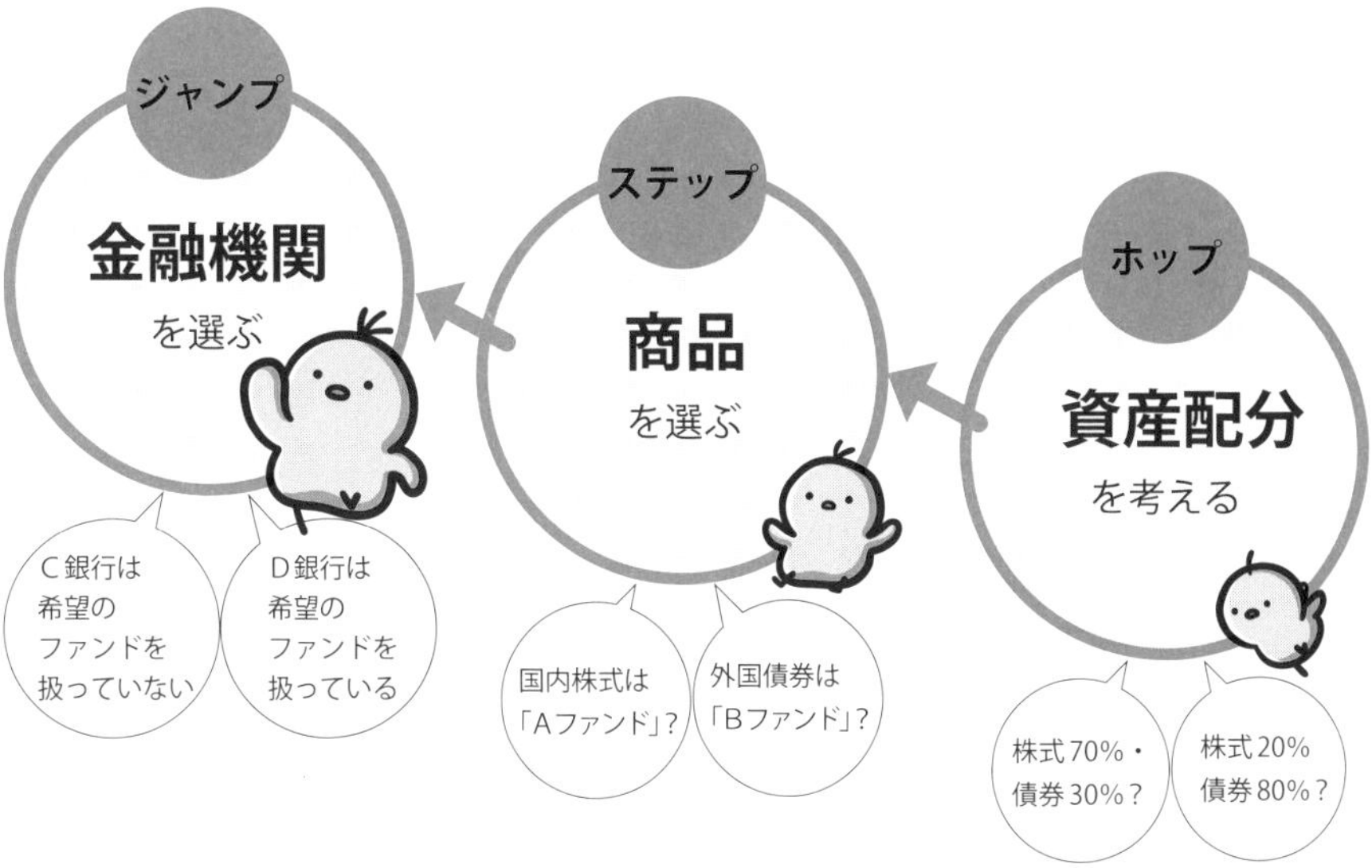
ジャンプ
金融機関
を選ぶ
C銀行は希望のファンドを扱っていない
D銀行は希望のファンドを扱っている
ステップ
商品
を選ぶ
国内株式は「Aファンド」？
外国債券は「Bファンド」？
ホップ
資産配分
を考える
株式70％・債券30％？
株式20％債券80％？

最初に考えておきたいのは、「**資産配分**」です。

資産配分とは、「国内株式20％」「外国株式30％」「国内債券10％」「外国債券40％」といった形で、投資する資産の割合を示すものです。

たとえば、カレーライスを作ろうと思ったときに、どこのスーパーで食材を買うか、産地にこだわった野菜を買うかということ以前に、肉や野菜、カレールー、水の分量を決めておくことの方が重要ですよね。

分量を大幅に間違えば、不味いカレーが出来上がってしまいます。逆に、安いスーパーで買っても、外国産の肉を使っても、分量さえ合っていれば、そこそこ美味しいカレーが出来上がることでしょう。

投資も同様です。投資する資産の分量、つまり

資産運用の「ホップ」

資産配分を考える

選択肢

- ・日本の株式
- ・先進国の株式
- ・日本の債券
- ・先進国の債券
- ・日本の不動産
- ・先進国の不動産
- ・新興国の株式
- ・新興国の債券
- ・金
- ・その他

資産配分を確認しておくことが第一歩になります。

では、どのような資産配分が一番良いのでしょうか？

それを決めるためには、**「将来的にどんな資産が値上がりするかな？」**と、じっくり考えてみてください。**日本の株式？　日本の債券？　日本の不動産？　それとも先進国の株式？　新興国？**……といった具合です。

どれかひとつを選ぶのではなく、「先進国の株式と日本の債券を組み合わせてみたらどうかな？」と工夫してみるのも良いです。

さらに、「成長すると予想したけど、予想が外れちゃうかも？」といった予測もしてみましょう。

とはいえ、「一番良い」と考えられる資産配分は人

資産運用の「ステップ」

商品選び

商品検索のキーワードの例

投資信託の場合	上場株式の場合	外国資産の場合
・パッシブ運用	・株価	・為替ヘッジ
・アクティブ運用	・研究開発	・米国のみ
・ＩＴ関連	・市場開拓	・高利回り
・インフラ関連	・シェア拡大	・新興国

によって異なります。一番美味しいカレーが人によって違うのと同じです。

44ページで言及した「リスク許容度」に合わせて、株式や債券等の資産配分の目安を決めておきましょう。

「ステップ」は商品選び

次の「ステップ」にあたるのは、「商品選び」です。具体的には84ページから解説していますが、新ＮＩＳＡで購入できる投資商品については、ふだんのウェブ検索で簡単にできます。

たとえば投資信託の値段（基準価額）や上場企業の株価については、身近なところで「ヤフーファイナンス」（https://finance.yahoo.co.jp/）などで、いつでも見ることができます。

投資信託であれば、Googleでざっくりと検索することもできます。気になっているキーワードを入れれば、目安となる商品が上位に表示されるはずです。

「そんな大雑把な探し方では怖い」という方には、近所の金融機関で相談するという方法もあります。どの商品があなたの希望に近いのかを案内してくれるはずです。

自分に合った商品が、新NISAで購入できるラインナップの中に必ず見つかるはずです。

ただし、一部の金融機関では、せっかく見つけた商品を取り扱っていないケースもあります。よって、最後のジャンプになるのが「金融機関選び」となります。

この順番を間違えると、想定外のリスクをとることになったり、手続きが一度手間になってしまうこともありえます。

賢い投資をするためにも、「ホップ・ステップ・ジャンプ」を意識しましょう。

「ジャンプ」は金融機関選び

金融機関の選択肢としては、銀行や証券会社などがあります。

資産運用の「ジャンプ」

金融機関選び

選択肢

銀行	証券会社
・メガバンク	・オンライン型
・信用金庫	・対面型

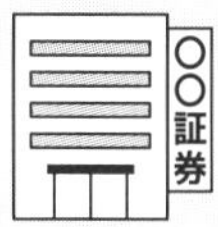

敷居が低く感じるのは、利用し慣れている銀行かもしれません。ただし、証券会社と比べると、やや商品ラインナップが少なくなる傾向があります。

とはいえ、証券会社へ行っても、担当者がすべてを網羅しているとは限らないので、絶対的に証券会社の方がベターという訳ではありません。

自分自身が「相談しやすい」と感じた所で相談してみると良いでしょう。

以上の「ホップ・ステップ・ジャンプ」を基本に、次の章からは、具体的なプロセスを見ていきましょう。

2章

ホップ

資産を配分しよう

1 最初の「ホップ」は資産配分

新NISAで投資を始めるための「ホップ」にあたる、最初の手順は、資産配分です。

そのために、まずは「資産にはどういうものがあるか」を見てみましょう。

具体的に言うと、株式や債券、そして不動産などです。それぞれ性格がかなり違うので、まずは、ひとつずつ特徴を見ていきましょう。

これらの資産の組み合わせ次第で、資産運用のリスクは大きく変わります。

たとえば株式（56ページ）をメインに運用すれば、結果的にハイリスク・ハイリターンの投資となります。逆に、債券（62ページ）を多めに運用すれば、リスクを小さくすることができるものの、リターンも小さくなります。そのため、「ステップ」にあたる商品選びの前に、資産配分を検討しておくことが欠かせません。

この章を読めば、**どんな資産があるのか**、また**自分のリスク許容度はどのくらいか**、そして**「このくらいの資産配分がちょうどいいかな？」**という目安が見えてくるでしょう。

資産配分の例

オーソドックスな投資から始めてみる

国内株式　25%
国内債券　25%
外国株式　25%
外国債券　25%

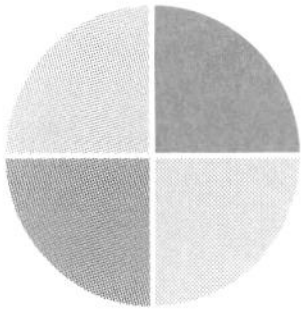

高いリターンを求めたい

国内株式　30%
新興国株式　10%
外国株式　40%
外国債券　20%

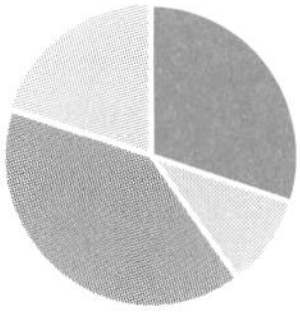

投資に興味はあるけどあまり高いリスクはとりたくない

国内株式　15%
国内債券　30%
外国株式　15%
外国債券　40%

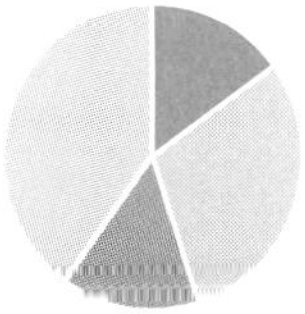

新興国の成長にも期待したい

国内株式　10%
国内債券　10%
外国株式　30%
外国債券　30%
新興国株式　10%
新興国債券　10%

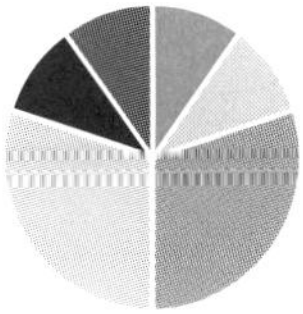

バラエティに富んだ資産運用をしたい

国内株式　10%
国内債券　10%
外国株式　20%
外国債券　20%
新興国株式　10%
新興国債券　10%
国内不動産　10%
外国不動産　10%

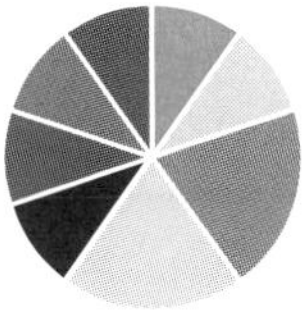

もう日本経済には期待しない

外国株式　30%
外国債券　30%
新興国株式　15%
新興国債券　15%
外国不動産　10%

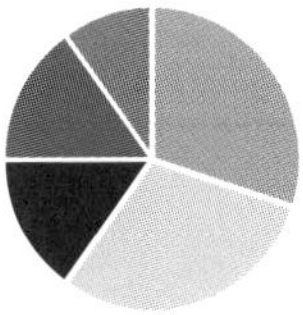

2 投資の基本　株式

株式のしくみ

儲《もう》かっている会社の株主になれば、ものすごいお金持ちになれそうですね。でも、無料で儲かる会社を手に入れられることなどありえません。やはりある程度の金を支払わなければなりません。つまり、**会社を買い取る**ということです。

買い取り価格はさまざまですが、もちろん、安ければ良いというものではありません。安く買えるような会社は大して儲からないし、儲かりそうな会社ほど価格は高くなるのが普通です。とはいえ、儲かりそうな会社を買い取ろうと思って、一人で何十億円や何兆円もの金額を用意することができますか?

できませんよね。お金持ちの人だって無理です。儲かりそうな会社を一人で所有していることなど、ごくまれです。よって、儲かりそうな会社ほど、**何人かで分け合って持とう**という形にな

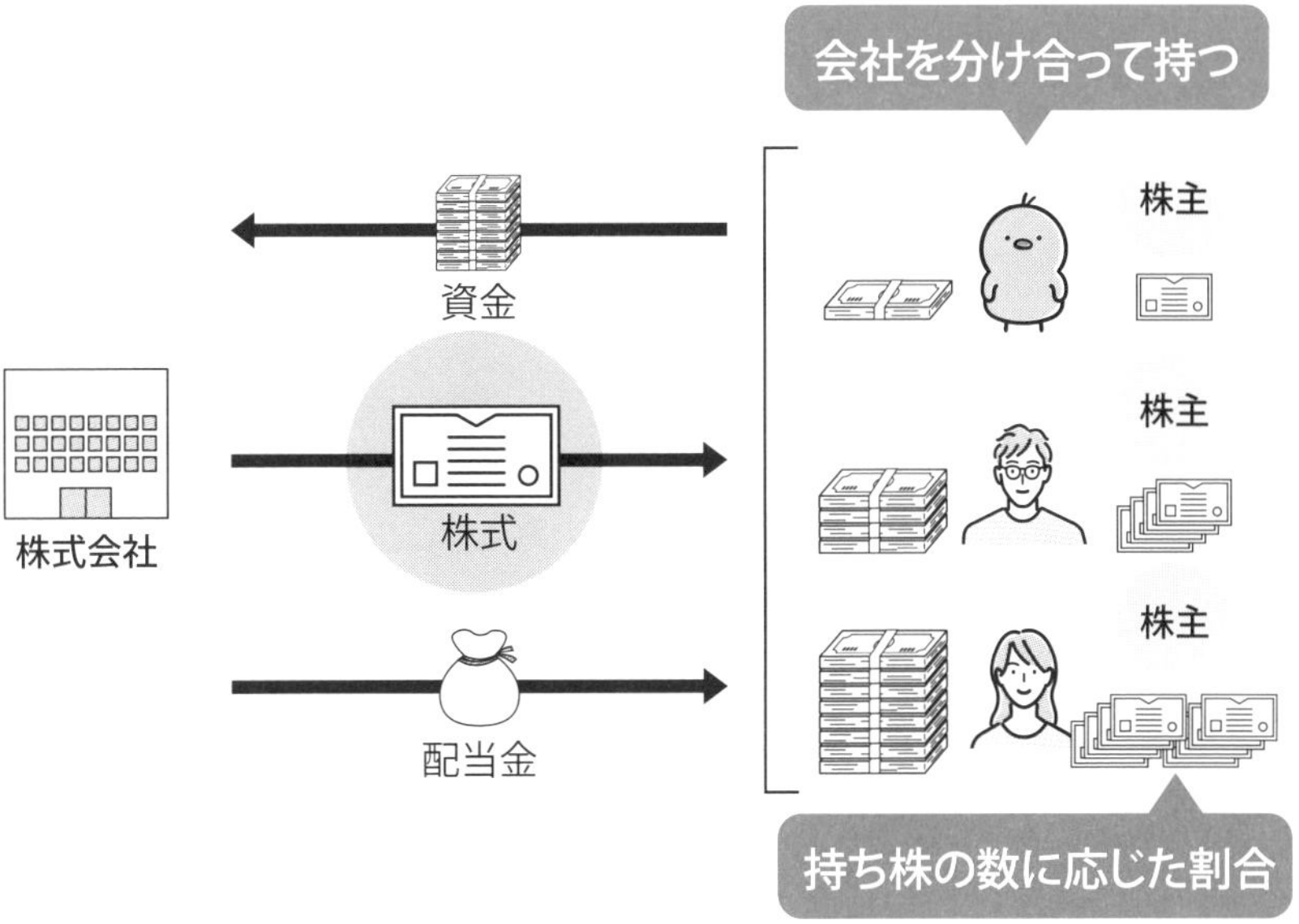

ります。何千人、何万人といった人数で分け合うことも多々あります。ただ、一人ひとりが**平等になるように分け合うのではありません。**お金をたくさん出して多めに持つ人もいれば、少しだけお金を出してちょっとだけ持つ人もいます。

このように、会社を分け合って持っている量は人それぞれ異なるのですが、その持ち分を表すのが「株式」です。

会社の持ち分を株式と呼ぶことに違和感を覚えるかもしれませんが、株式の語源は「切り株」と、まとまりを示す「式」を組み合わせた言葉と考えられます（諸説あり）。

そして、この株式を持っている会社の持ち主のことを、**株主**と呼んでいます。

株主は、利益を他の株主といっしょに分け合うこ

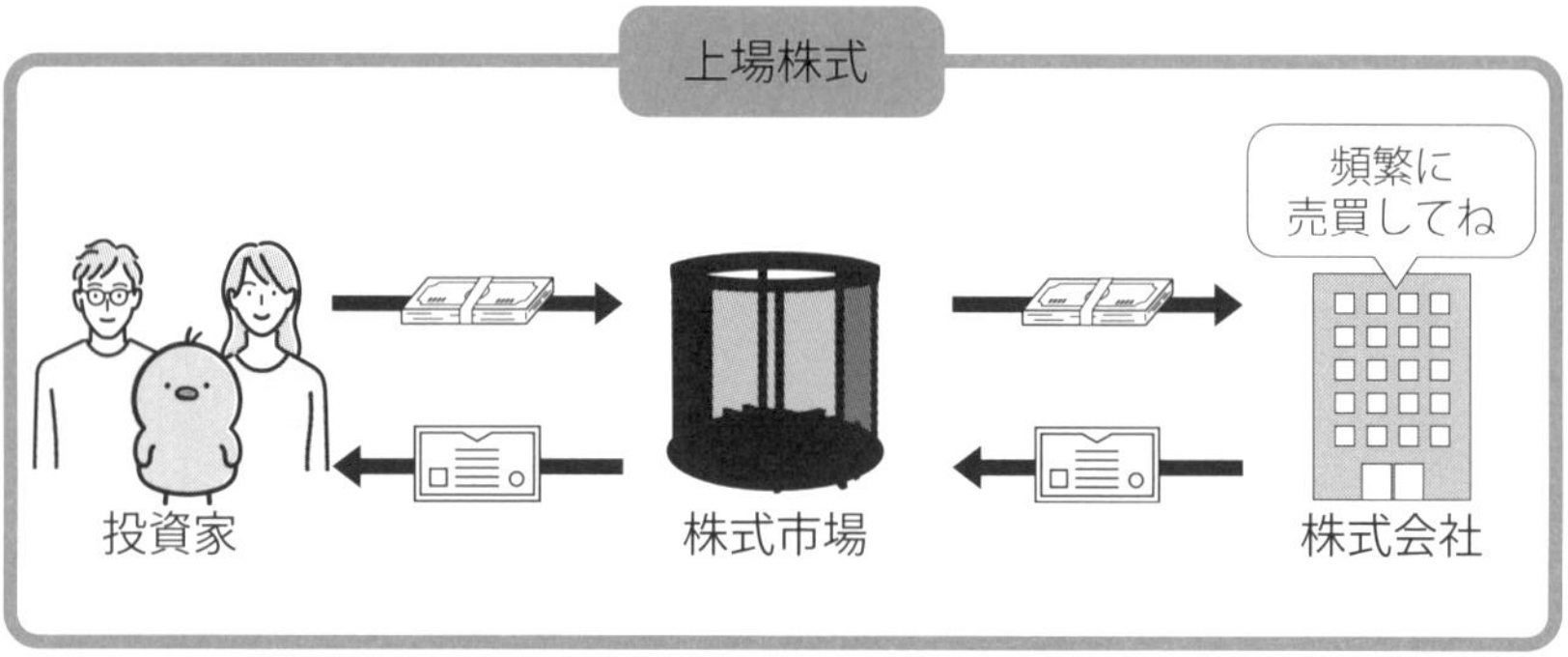

非上場株式（未公開株式）もある

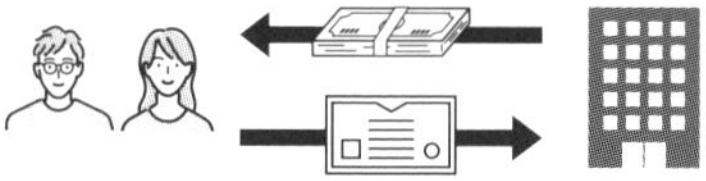

とになりますが、当然、株式を多く持っている株主は多めに、少しだけ持っている株主は少しだけもらいます。

また、株主は自分の株式を、途中で誰かに売却できます。**売却の値段についてはとくに決まりがない**ので、高く売れることもあれば、安く買い叩かれてしまうこともあります。

とはいえ、よく分からない会社の株式を購入したいとは思いませんよね。ですから、小さな会社の株式を売買することは、あまり多くありません。逆に、有名だったり、大きな会社の株式は頻繁に売買が行われます。

ちなみに、「どうぞ頻繁に売買してください」という株式のことを**「上場株式」**と呼んでいます。一般的に、株式投資で「株を買った」という場合の株式は、上場株式のことを指します。

上場株式は、みんなが頻繁に売買しやすいように、「本当に儲かっているの？」「どれだけ大きな会社なの？」「何

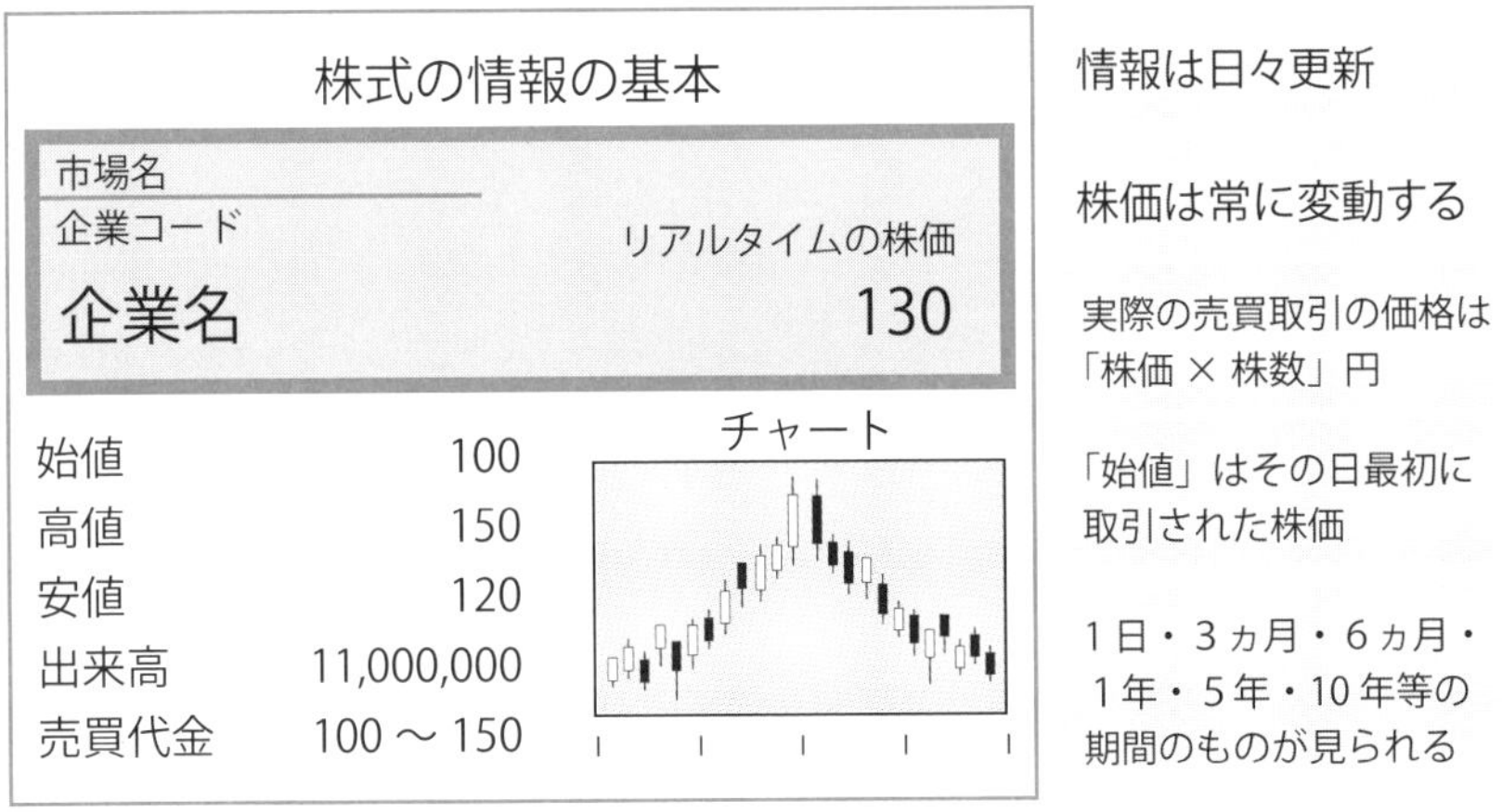

をやっているの?」といった情報をきちんと開示しています。

株式の売買

一般的に、上場株式の売買は証券会社を通じて行います。

1株あたりの株価は、「ヤフーファイナンス」(https://finance.yahoo.co.jp/)などで、いつでも簡単に見ることができます。

あるいは、Googleで検索する際に「会社名＋株価」を入力すれば、検索結果に株価が表示されるはずです。その際に株価が表示されない場合は、上場株式ではない可能性が高いです。

上場株式は、基本的に**100株単位**で売買が行われています。

そのため、株価が2000円の会社であれば、20万円程度を準備すれば購入できますが、実際には短時間で株価が変動するので、購入時の株価はそれより高かったり安かったりします。

国内の上場株式は約4000銘柄となっています(2023年12

月時点)。これらの中から購入する株式を選び、その後株価が値上がりしたところで売却すれば儲かります。逆に、値下がりしたところで売却すると損失になります。

株価は短時間で、大きく変動することもあります。だからこそ、株式はハイリターンであると共に、ハイリスクな投資であると考えられます。

株式の売買で儲けるポイントは、単純に「**安く買って高く売る**」だけです。しかし、その単純な作業が意外と難しいのです。なぜなら、儲かっている会社やこれから儲かりそうな会社の状況はとっくに株価に反映され、すでに高くなっている可能性が高いからです。加えて、株価が安くてお買い得そうに見える会社は、往々にして経営状況が悪かったり、何かしらの問題を抱えていることが多いです。

市場の動向のチェックは必須

株式の売買は、主に投資の上級者たちが行っているので、投資の初心者が手を出すと、大けがをしかねない危険性をはらんでいます。とはいえ、株価の動向を確認することは、みなさんが今後、新NISAで投資をしていく上で欠かせない作業と言えます。

株式の市場

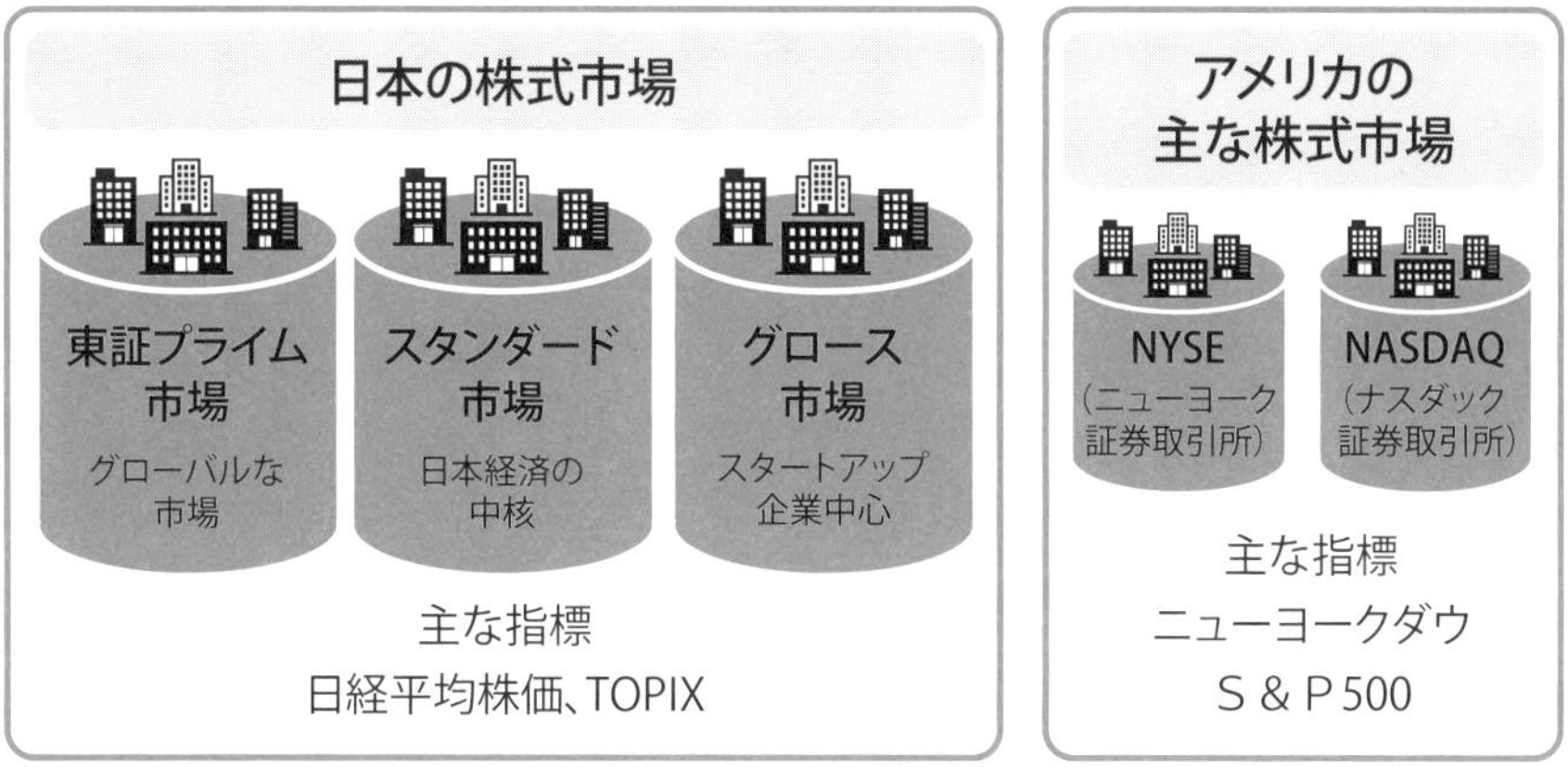

一つひとつの会社の株価が経営状況を反映するように、**日本の株式市場全体の株価動向が、日本経済全体の状況を反映する**からです。これは、外国でも同様です。株価は「経済の温度計」と呼ばれるほど、投資をする上で欠かせない情報なのです。

ニュースで、「今日は国内の株が上がり（下がり）ました」というのをよく耳にしますが、その「株」を指しているのが「**日経平均株価**」です。

これは、日本を代表する225社の株価の動向を示すもので、日経平均株価が上がりつづけていると、これから景気が良くなりそうだという雰囲気になるのが一般的です。

初心者の方が上場株式を直接売買するのは、現実的にかなりハードルが高いと言えます。まずは、**株式市場全体を見渡しながら投資する**ことから始めるのが肝要です。つまり、後述する「**投資信託**」を通じて株式投資を行うと良いでしょう。

3

新NISAでは取引できないけど知っておきたい債券のこと

債券のしくみ

これまで、株式のついでにしれっと出てきた言葉があります。それが「債券」です。みなさんも、なんとなく聞いたことがある、当たり前のように登場するこの言葉に、「なんだコレ？」と思ったことがあるはずです。この機会に把握しておきましょう。

債券を一言で説明すると、「**借用証書**」になります。

借用証書はみなさんご存じですよね。書いたことが無い人でもイメージがわくはずです。お金を借りる時、貸してくれた相手に渡す書類です。

「私は○○様より、□□円を借りました。1年あたり△％の利息を支払い、○年○月○日までに返済します。」

債券のイメージ

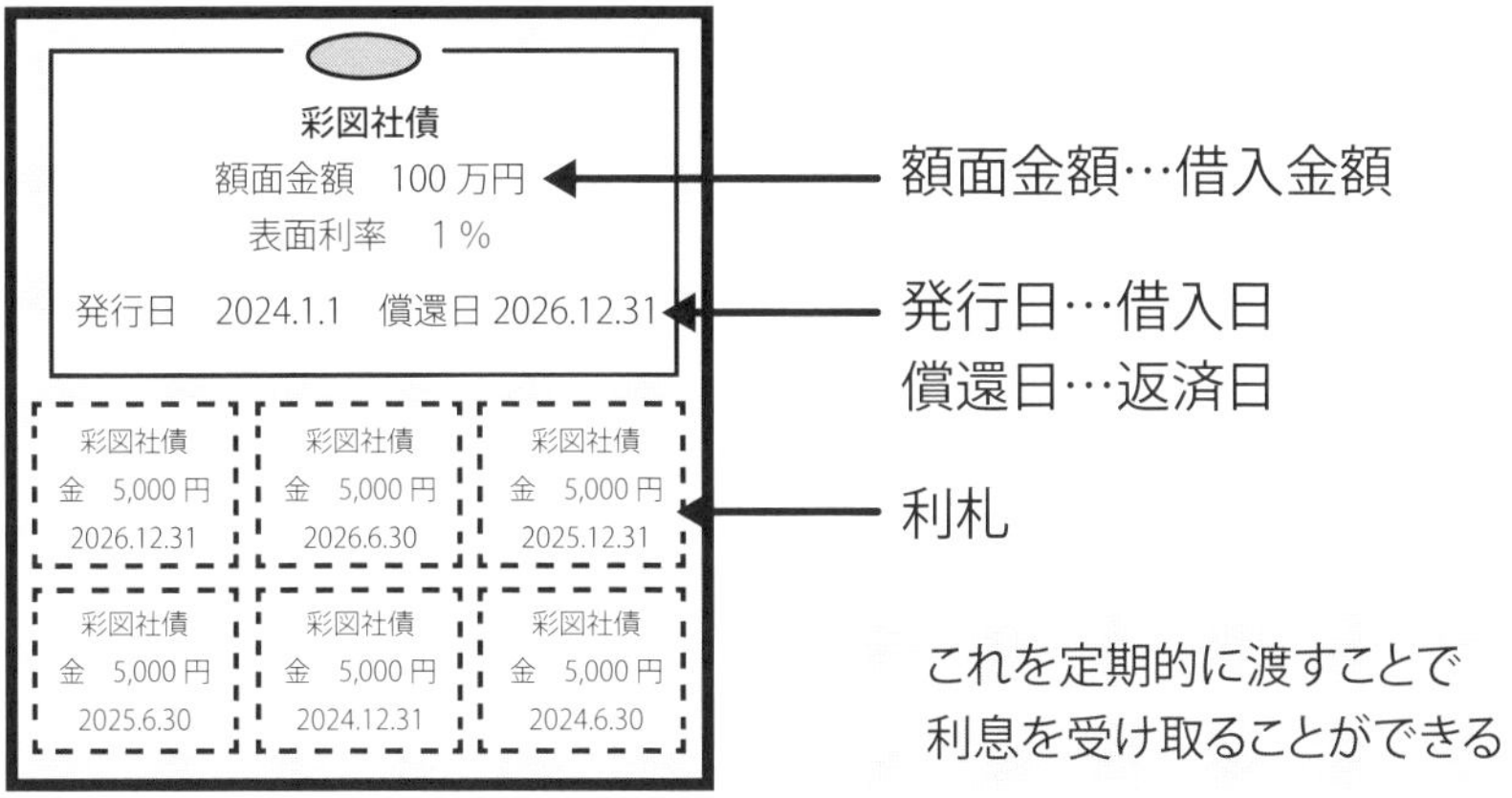

こんな感じですね。お金を貸した人は、この借用証書を持っていることで、定期的に利息をもらい、返済日に全額返済してもらうことになります。

でも、お金を貸している人自身がお金に困ることがあります。「借用証書は持っているんだけど、**現金が欲しいなあ**。でも、返済日までお金を返してもらえないし、どうしよう？」といったケースです。

こんな時にとる行動が、**「借用証書を誰かに転売する」**ことです。転売すれば、お金を貸していた人もすぐに現金を手に入れることができます。

とはいえ、借用証書の書き方は人によってバラバラですし、本物かどうかを調べるのも面倒です。現実的に、借用証書を転売するのはかなり難しい作業です。

そこで、**形式を画一化して、お金を貸した人が転売しやすいようにしたもの**が、「債券」です。

イメージとしては上のようなものです。ただ現在、債券は基本的に電子化されているため、印刷されたものを見ることはほとんどありません。まずは、「債券ってこういうものなんだな」というのを理解していただければ結構です。

債券の売買

債券の値段に決まりはありません。額面金額に関わらず、その売買価格は上がったり下がったりします。

とくに、大きく価格が下がる原因のひとつに**「デフォルトリスク」**があります。債券を発行した企業や政府が破たんする可能性が高まると、誰もが「持っている債券が紙切れになってしまうかも?」と不安になります。そうなると、その債券を買いたいと思う人が少なくなってしまうので、価格も下がることになります。

しかし、そんな危なっかしい企業や政府が息を吹き返すこともあります。もし、額面金額よりも安く購入して、無事償還日を迎えることになれば、購入した価格との差額で儲けることができるので、破たんする可能性が以前よりも低くなったような企業や政府の債券は、価格が上がりやすくなります。

このように、債券にもリスクがあるため、発行者の信用度を確認しておくことが必要です。格

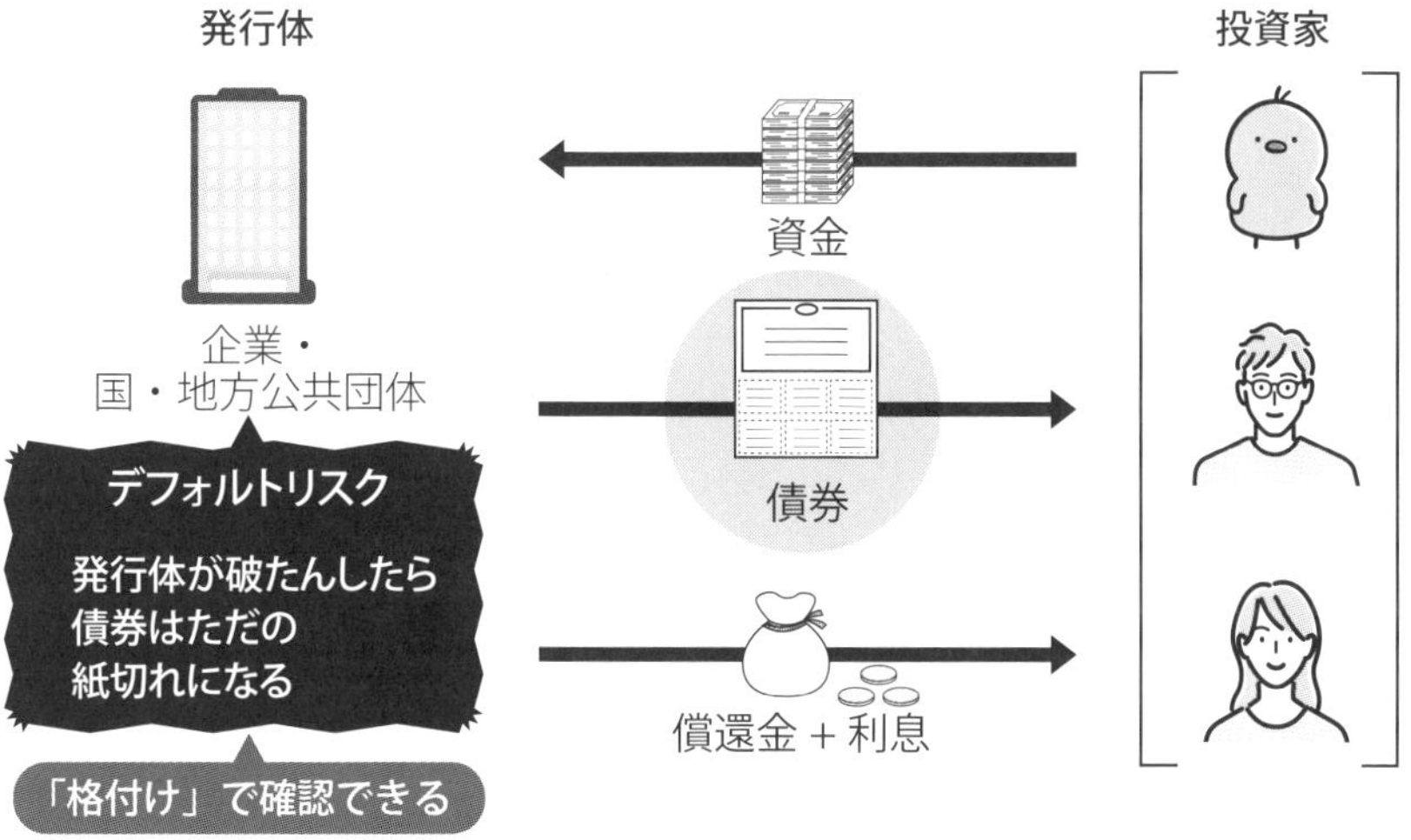

付情報投資センター（R&I）やムーディーズ、スタンダード・アンド・プアーズ（S&P）といった会社が、債券の格付けを公表しています。

加えて、債券市場全体で考えると、金利動向によって価格が変動しやすいという特徴があります。**債券価格は、国内あるいは世界的な金利が上がると下がりやすく、金利が下がると上がりやすくなります。**

そのため、「日本銀行が金利引き上げ」といったニュースには、敏感になっておくとよいでしょう。

ちなみに、**新NISAでは、国債や社債を直接購入することはできません。**それでも、債券で運用する投資信託は購入可能なので、債券の知識を欠かすことはできません。少なくとも、格付けと債券価格の関係、金利と債券価格の関係については理解しておきましょう。

4 新NISAの中心的存在　投資信託

投資信託のしくみ

ここまで、株式や債券について説明しました。

ただ、自分で債券を購入する人は、一部の国債を除き、それほど多くありません。1億円といった額面の債券もあるので、一般人には手を出しにくい世界でもあります。それに比べると、株式投資は身近な存在ですが、一つひとつの銘柄のリスクが高いので、自分で個別銘柄を選ぶのも大変です。複数の銘柄に投資しようと思えば、多額の資金が必要にもなります。

そこで考えられた方法が、「**みんなでお金を出し合って、得意な人に任せてしまおう**」という、投資信託です。別名、ファンドとも呼ばれています。

投資信託は、その商品ごとに投資対象や運用方針が定められているので、自分が気に入った投

各金融機関が役割分担することで
金融機関の破たんのリスクや犯罪を防ぐしくみが出来ている

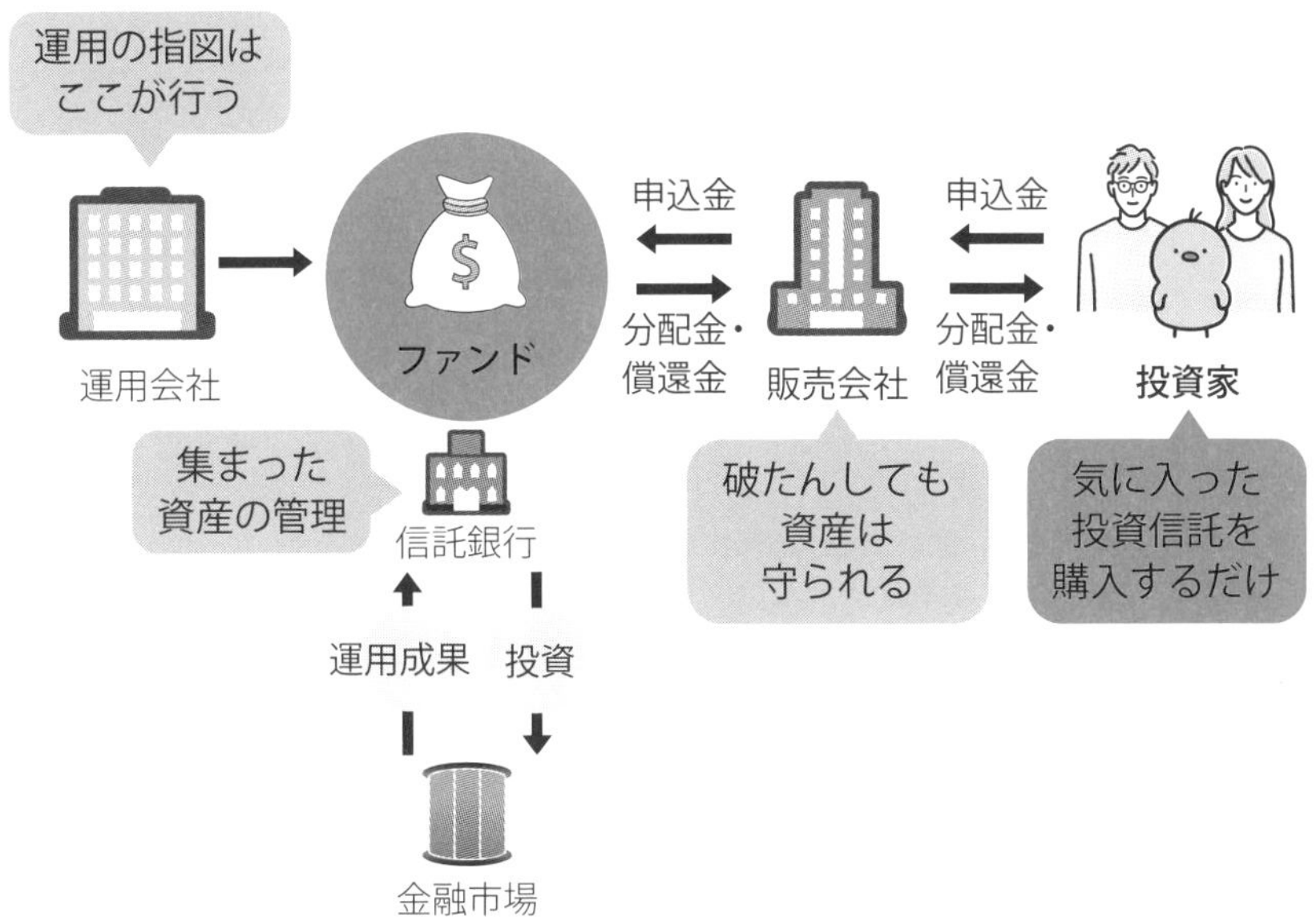

資信託を購入すれば、あとは**とくにやることはありません。**株式や債券の売買は運用会社が考えてくれるので、数秒単位で変動する相場をいちいちチェックする必要もありません。

購入するときの窓口となる証券会社や銀行（販売会社）が破たんした場合も、みなさんが購入した投資信託が消失するということはありません。

また、証券会社に預けた個人のお金は、投資者保護基金により、1000万円まで補償を受けられます。

投資信託は、株式や債券といった価格変動のある資産で運用するので、当然、**投資信託自身の価格「基準価額」**も変動します。

基準価額は1万口あたりで表示されます。

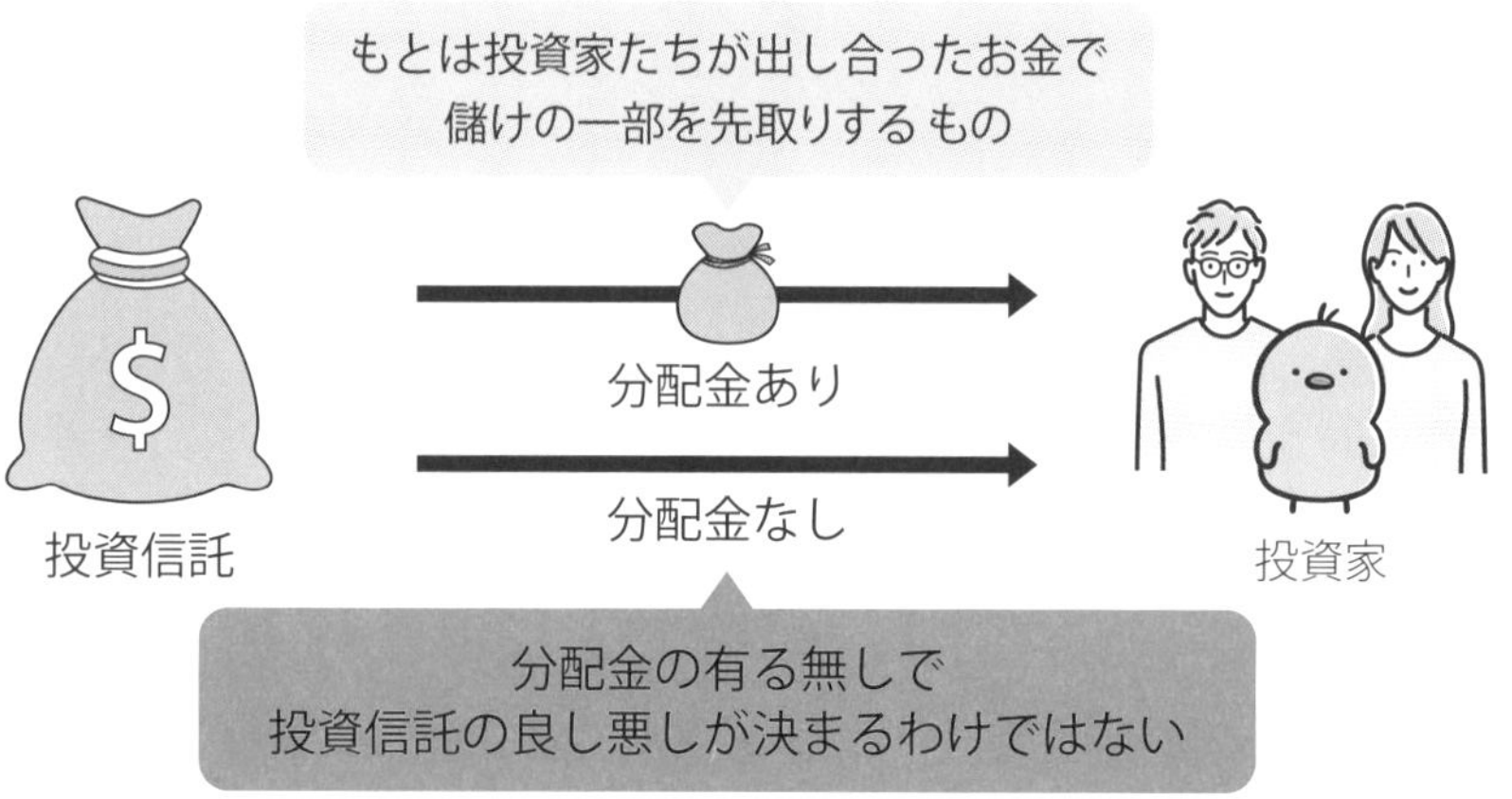
もとは投資家たちが出し合ったお金で
儲けの一部を先取りするもの
投資信託
分配金あり
分配金なし
投資家
分配金の有る無しで
投資信託の良し悪しが決まるわけではない

単純に言えば、購入したときの基準価額よりも高くなっているときに売却（解約）すれば儲かります。

新NISAで購入していた場合、どれだけ高い基準価額で売却しても税金はゼロです。

また、中には**分配金**を受け取ることができる投資信託もあります。数ヵ月に1回といった頻度で分配金を受け取ることができる投資信託もあれば、ある程度基準価額が上がったところで、まとめて受け取ることができるものもあります。

ただ、分配金の原資は、みなさんが投資した資金にあるので、分配金を受け取った分だけ基準価額は下がることになります。

簡単に言えば、**儲けの一部を先取りするのが分配金**というイメージです。

なお、この分配金も新NISAで購入した投資信託から受け取ったものであれば、非課税です。

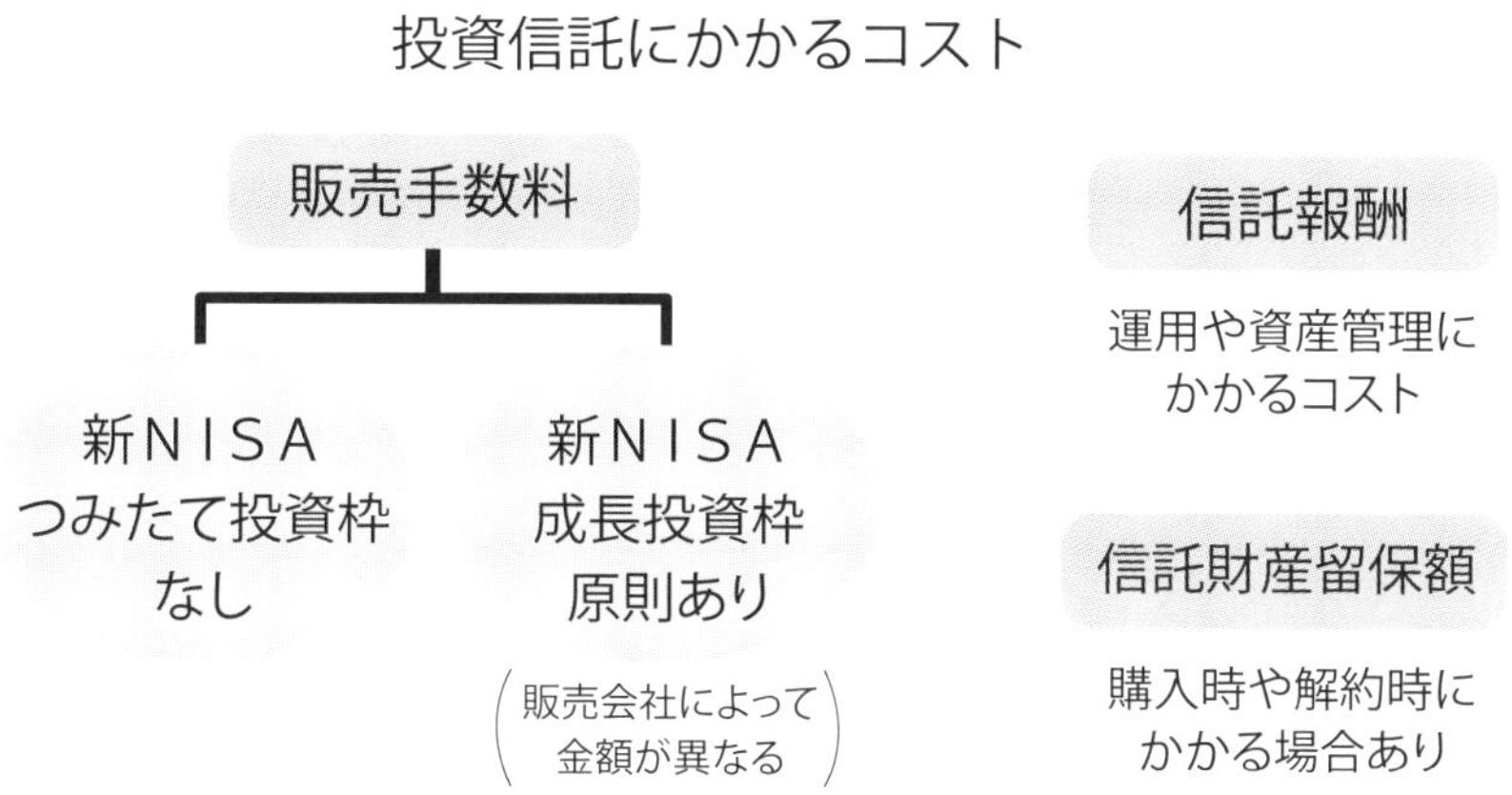

コストについて

投資信託の購入や保持には、いくつかのコストがかかります。

まず、**販売手数料**です。新NISAで購入する際、「つみたて投資枠」では販売手数料はかかりませんが、「成長投資枠」では原則として販売手数料がかかります。また、同じ投資信託でも、販売会社によってその金額が異なります。

次に、**信託報酬**です。信託報酬は、運用や資産管理に対する手間賃のようなもので、投資資産の中から日割り計算で差し引かれています。私たちにとっては、信託報酬が低い商品ほど、コストの低い投資ができると考えられます。

また、中には、購入時や解約時に**信託財産留保額**を差し引かれる投資信託もあります。ちょっともったいないように感じるかもしれませんが、そもそも新NISAは長期投資向きのしくみです。基準価額の変動に比べれば影響は微々たるものなので、あまり気にしない方がベターでしょう。

5 上場投資信託　ＥＴＦ

上場している投資信託

ＥＴＦは、上場投資信託（Exchange Traded Funds）の略称です。**上場株式の投資信託バージョン**と考えてください。これは証券取引所で売買されているため、銀行で購入することはできません。私たちが売買する場合は、証券会社を通じて行います。

ＥＴＦのメリットとしては、一般的な投資信託と比べて信託報酬が低い傾向がある点を挙げることができます。私たちにとって、信託報酬は投資におけるコストにあたるので、信託報酬が低い商品ほど、**コストの低い投資**ができると考えられます。

ただ、初心者にとって、ＥＴＦは**一般的な投資信託に比べて少し難しい**面があるので、注意が必要です。一般的な投資信託は、基準価額によって購入や売却（解約）をしているため、結果的に、

一般的な投資信託とＥＴＦとの比較

	一般的な投資信託	ＥＴＦ
購入窓口	各投資信託の取扱いがある証券会社、銀行などの販売会社	証券会社
購入価格	基準価額（１日に１つ）	その時々の取引価格
注文方法	基準価額がわからない状況で購入・換金の申し込みを行う（ブラインド方式）	成行・指値注文が可能 （成行注文…値段を指定して注文を出す方法 指値注文…その時の市場の値段で注文を出す方法）
購入する際の手数料	投資信託ごと、販売会社ごとに異なる	証券会社ごとに異なる
信託報酬率	一般的にはＥＴＦの信託報酬より高い	一般的な投資信託の信託報酬より低い
最低投資金額	１万円程度から	１万円程度から購入できるＥＴＦもあるが（相場の動向による）、多くは10万円程度の資金が必要
信用取引※	できない	できる

（一般社団法人投資信託協会 https://www.toushin.or.jp/investmenttrust/etf/meritrisk/index.html を参考に作成）

※信用取引…証券会社からお金を借りて売買する取引方法

購入時や売却時において、必ずその時の適正価格で売買されていると考えてよいでしょう。

一方、ＥＴＦは**市場価格**で売買が行われます。

形式は、上場株式の取引と同様です。「１口あたり○○円」で買い（売り）たいといった指値取引または、成行取引で売買を行います。

そのため、ＥＴＦ内にある資産の価値より安く購入できることもあれば、逆に高く購入することになってしまうこともあります。もちろん、売却する場合も同様です。

加えて、売買時に手数料の負担が発生するのが一般的です。ただし、一定の条件を満たすことで、売買手数料を無料とするケースもあるので、そのような条件は、各証券会社で確認してください。

「つみたて投資枠」の対象のＥＴＦは少ない

なお、新ＮＩＳＡにおけるＥＴＦの売買に関しては、証券会社ごとにその対応が異なっています。

とくに、「つみたて投資枠」に関しては、対象商品が８本のみとなっている上、**そもそもＥＴＦの取り扱いを行わない証券会社もある**と考えられます。

一方、「成長投資枠」では、２７０種類以上のＥＴＦが対象となっており、多くの証券会社が取

新ＮＩＳＡ口座で購入できるＥＴＦ

つみたて投資枠	成長投資枠
・iFreeETF TOPIX（年１回決算型） ・iFreeETF 日経 225（年１回決算型） ・iFreeETF JPX 日経 400 ・上場インデックスファンド世界株式（MSCI ACWI）除く日本 ・上場インデックスファンド海外先進国株式（MSCI-KOKUSAI） ・iシェアーズ・コア S&P 500 ETF ・上場インデックスファンド米国株式（S&P500）	・MAXIS NY ダウ上場投信（為替ヘッジあり） ・上場インデックスファンド中国Ａ株（パンダ）E Fund CSI300 ・NEXT FUNDS 電力・ガス（TOPIX-17）上場投信 ・NEXT FUNDS 金価格連動型上場投信 ・NEXT FUNDS ブラジル株式指数・ボベスパ連動型上場投信 ・グローバル X 自動運転 &EV ETF ・iシェアーズ 米国債 1-3 年 ETF など
株式の基本的なＥＴＦのみ	270種以上が購入可能

り扱うものと考えられます（２０２３年12月）。これは、上場されているＥＴＦの９割程度に相当するので、**主だったＥＴＦは成長投資枠を利用できる**とみていいでしょう。

「主だった」といっても、アメリカの株式のみで運用するものや、タイの株式のみで運用するＥＴＦ、半導体業界の株式で運用するものなど、かなりバラエティに富んでいます。株式ではなく、債券で運用するＥＴＦもあります。

まずは「つみたて投資枠」で利用できる基本的な８つのＥＴＦを確認し、さまざまなものから選びたい、あるいはもっと個性的な投資をしたいという場合に、成長投資枠を利用して他のＥＴＦを活用することも検討してみましょう。

6 不動産の投資信託　ＲＥＩＴ《リート》

分配金もある不動産の投資信託

ＲＥＩＴは、「Real Estate Investment Trust」の略で、簡単に言えば、**上場されている不動産投資信託**のことです。もう少し詳しく言うと、ビルや倉庫といった不動産賃貸のみに特化した会社の株式（投資口）を売買するイメージです。国内のＲＥＩＴは「Ｊ－ＲＥＩＴ」と呼んでいます。上場されているので、売買は上場株式やＥＴＦと同様の形で行われています。

左の図を見ると、かなり複雑なしくみに見えるかもしれませんが、「役割分担をしっかりと行うことで、不動産賃貸以外の余計なことにお金を使いこんだりできないようになっている」とだけ理解していただければ結構です。

ＲＥＩＴの魅力は、**不動産の家賃収入を原資とする分配金**です。ＲＥＩＴへの投資に対する分

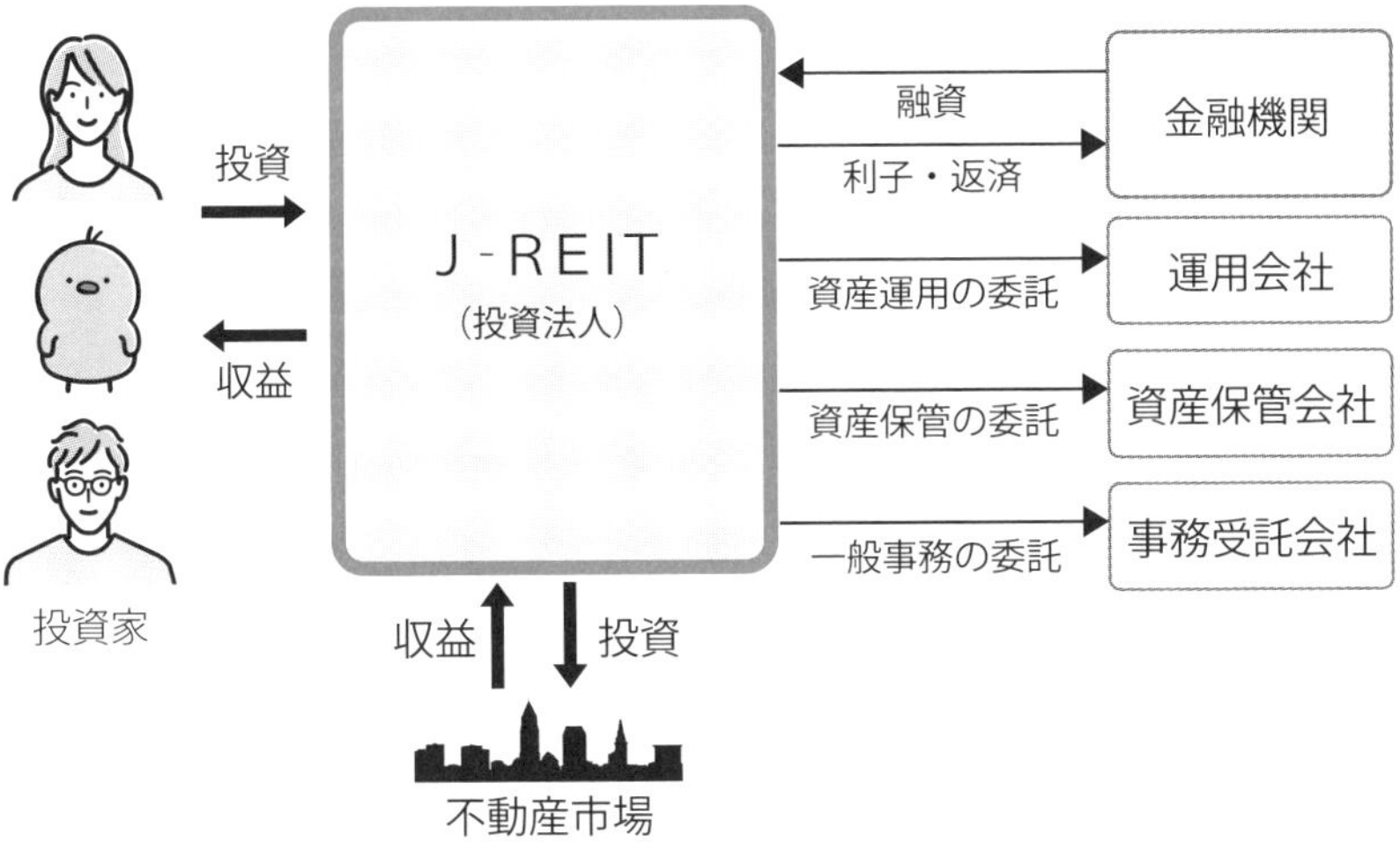

配金の割合を「分配金利回り」と呼んでいますが、東京証券取引所に上場されているREITの予想年間分配金利回りが、**4・28%**となっています（2023年11月）。ざっくり言えば、全種類のREITを1万円で購入できたと仮定すると、毎年428円が手に入り続けるだろうという計算です。

ご存じの通り、日本では低金利の状況が続いています。普通預金の利率は0・1%にも及びません。

また、10年国債の利回り（日本の政府に10年間お金を貸した場合の金利に相当）は0・5～1%程度です。相対的にREITの分配金の魅力度はかなり高いと言えるでしょう。

REITで所有している不動産物件はそれぞれ異なるので、**銘柄選びももちろん重要**となります。

オフィスビルを所有しているREITもあれば、ホテルを所有しているもの、住宅や物流倉庫など、不動産と一言でいっても、かなりバラエティに富んでいます。

さまざまなREIT

新NISAの対象REIT

つみたて投資枠	成長投資枠
REITを一部組み入れている投資信託	REITのみへの投資も可能

ただ、新NISAの「つみたて投資枠」では、REITに投資することができません。

ただし、REITを一部組み入れている投資信託を購入することは可能です。

また、「成長投資枠」では、上場廃止等を除き、ほぼすべてのJ－REITに投資することが可能です。

銘柄選びは大変

ただ前述のとおり、かなりバラエティに富んでいるので、**初心者の方がREITの銘柄を自分で選ぶのはかなり大変**です。

REITは、不動産市況との関係で値

ＲＥＩＴのおもな価格変動要素

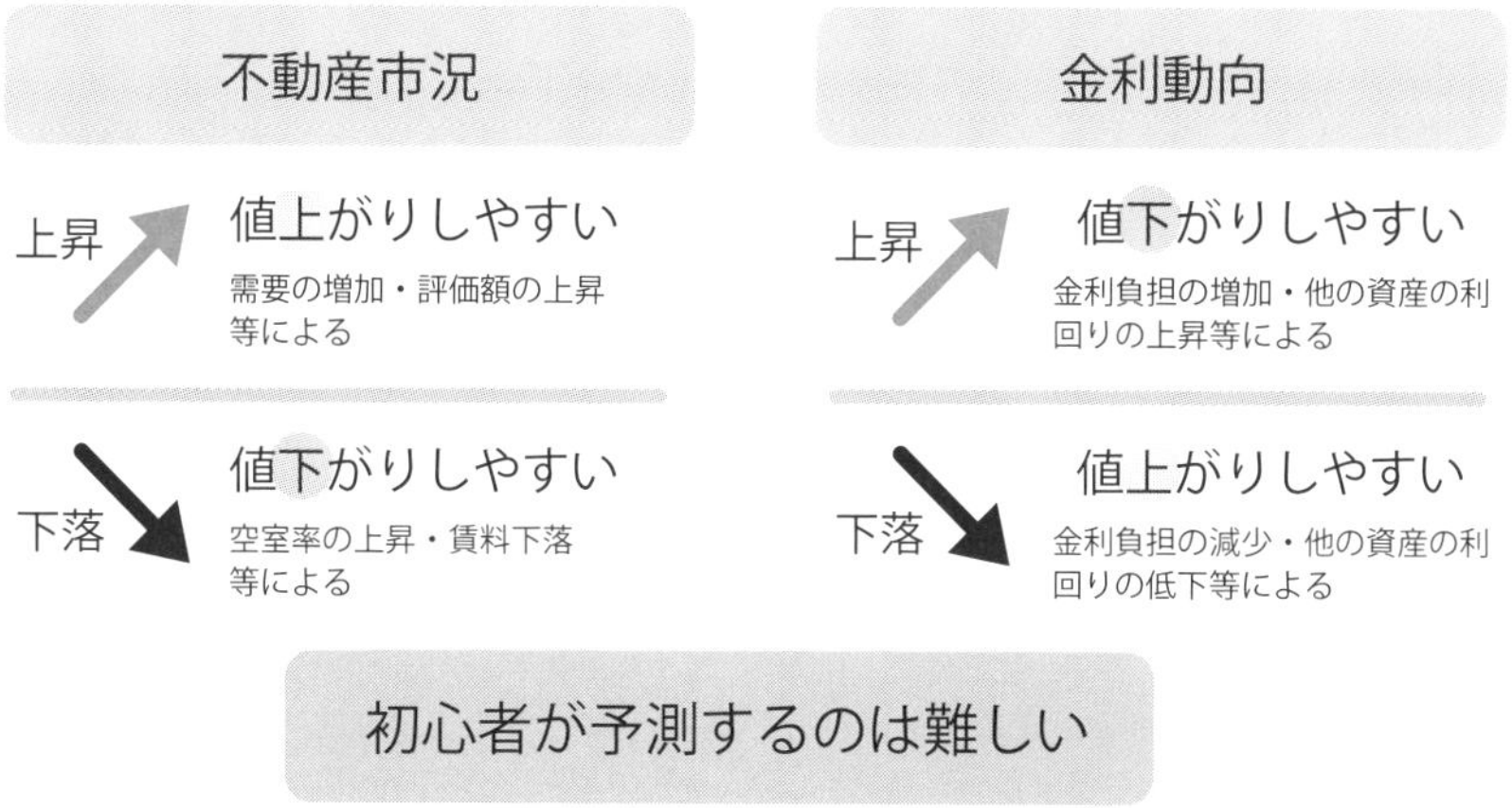

動きする傾向があり、たとえばコロナ禍等によりオフィス需要が減退すると、オフィス関連のＲＥＩＴは値下がりしやすくなります。その一方で、景気の回復が期待されるような場面では、特にオフィス需要が高まって、オフィス関連のＲＥＩＴは値上がりしやすいと言われています。

また、金利動向の影響も受けやすいと言われ、金利上昇局面では高い分配利回りの魅力が相対的に低下する等の理由で、その価格は下がりやすいと言われています。

これらの点を考慮すると、初心者の方は、**ＲＥＩＴで運用する一般的な投資信託を活用した方がベター**かもしれません。ただ、初心者からステップアップした後であれば、ＲＥＩＴ指数に連動する形で運用するＥＴＦを活用してみるのも、一考の価値ありです。

7 やってみよう資産配分

ここまでのお話で、投資信託や株式についての基本や考え方がお分かりいただけたと思います。

それでは、具体的な手段を確認していきましょう。

資産配分を決める

まず、長期投資において、大きな違いを生むのが**資産配分**だったことを思い出しましょう。

資産配分によってリターンやリスクが異なることは54ページに示しましたが、細かな商品の違いを気にして資産配分がガタガタになってしまっては、まさに「木を見て森を見ず」という事態に陥ってしまいます。

資産配分を検討する際、ぜひ実践していただきたいのが、**リターンとリスクの確認です**。

その際に利用すると便利なのが、『マイインデックス』(https://myindex.jp/)というサイトの『資産配分ツール』（https://myindex.jp/user/myaa.php）というアプリです。

・自分自身で決めた資産配分で運用した場合、どの程度のリターンが期待できるのか？
・どれくらいのリスクを伴うのか？
・結果としてシャープレシオ（109ページ参照）はどの程度になるのか？

などを計算してくれます。その資産配分による運用が効率的かどうかを判断するのに役立つので、ぜひ試してみてください。

ただし、このようなシミュレーションツールは、あくまでも過去の実績をベースに計算されているため、将来の運用結果を完璧に予想したり、あるいは結果を約束するものではない点はご留意ください。

リスクやリターンを確認して、資産配分にめどがついたら、いよいよ商品選びとなりますが、実際の商品の選び方としては2つのパターンが考えられます。

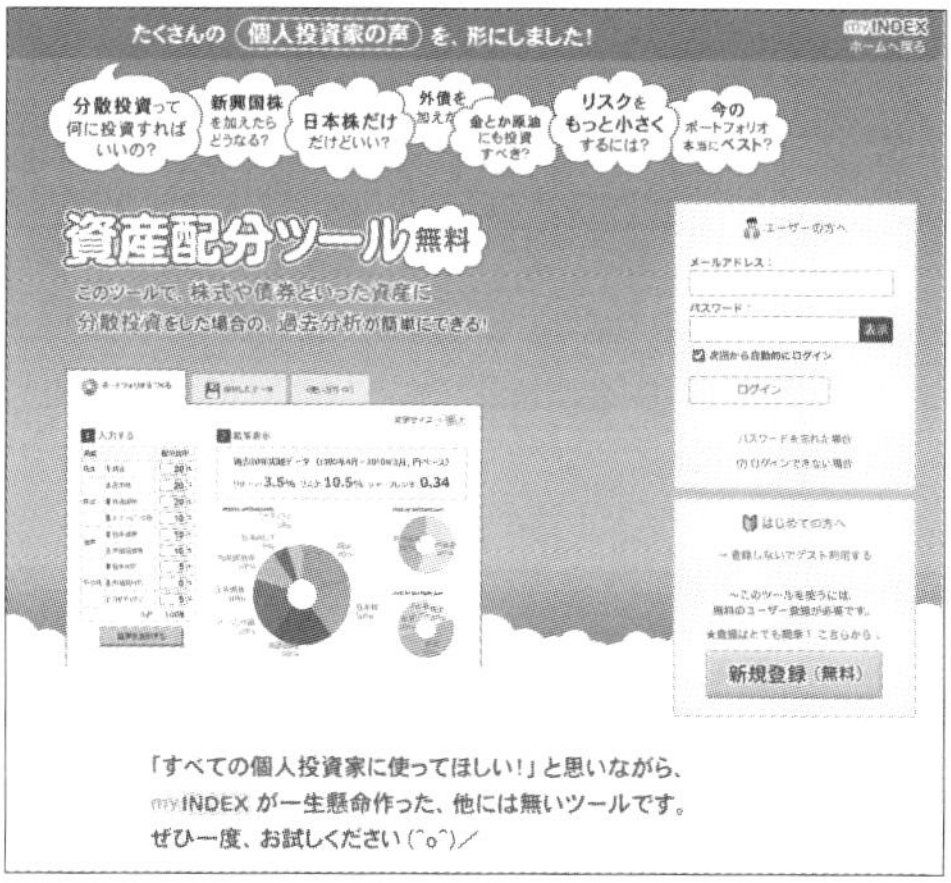

アプリ『資産配分ツール』トップページ
（https://myindex.jp/user/myaa.php）

①各カテゴリーの資産で運用する投資信託を組み合わせる

カテゴリー	資産配分	商品	割合
国内株式	15%	○○国内株式インデックスファンド	15%
外国株式	15%	○○外国株式インデックスファンド △△外国株式アクティブファンド	10% 5%
国内債券	35%	□□国内債券インデックスファンド	35%
外国債券	35%	×× 海外債券ファンド	35%

①各カテゴリーの資産で運用する投資信託を組み合わせる

国内株式～外国REITまで、さまざまなカテゴリーの資産で運用する投資信託があります。とくに、「成長投資枠」にはバラエティに富んだ商品が、約2000種類も揃っています。自分の資産配分に沿って、各カテゴリーの商品を組み合わせて選ぶと良いでしょう。

たとえば、外国株式の資産配分が15％という人であれば、「○○外国株式インデックスファンド10％」、「△△外国株式アクティブファンド5％」という形で、同じカテゴリーの商品を複数組み合わせるという方法もあります。

あまり深く考えたくないという方は、パッシブ運用（インデックス運用）の商品を組み合わせておくのが無難と考えられます。

②バランス型の投資信託を利用する

希望の資産配分

カテゴリー	割合	
国内株式	10%	計50%
外国株式	10%	
新興国株式	10%	
国内REIT	10%	
外国REIT	10%	
国内債券	20%	
外国債券	20%	
新興国債券	10%	

→

商品
バランスファンド（安定成長型）

国内株式	15%	計50%
外国株式	15%	
新興国株式	10%	
国内REIT	5%	
外国REIT	5%	
国内債券	10%	
外国債券	20%	
新興国債券	20%	

②バランス型の投資信託を利用する

バランス型の投資信託は、98ページで改めて紹介しますが、ある程度の資産配分ですでに分散投資されている商品です。

食事で考えると、①がバイキングで好きなものを組み合わせて食べるイメージであるのに対し、この②は、メインディッシュからご飯・味噌汁・漬物がセットになっている定食のようなイメージです。

バランス型を選ぶ際のポイントは、メインディッシュの大きさです。

ここで言うメインディッシュは、「**株式とREIT**」です。この2つの割合によって、リターンとリスクが変わってくると言っても過言ではないからです。

とはいえ、自分の希望にピッタリと合う商品を見つけることは、なかなかできません。

たとえば前ページのような資産配分であれば、ざっくりと「株式とREITを合わせて50％程度で運用している商品」を探しましょう。

少しフォーカスをぼかした形で考えると、バランス型の商品を選びやすくなります。

3章

ステップ 商品を選ぼう

1 儲かる投資信託の見つけ方

「ホップ・ステップ・ジャンプ」の2段階目、「ステップ」は、いよいよ商品選びになります。

新NISAの「成長投資枠」では、上場株式に投資をすることも可能です。ただ、初心者がいきなり株式投資を始めるというのは、はっきり言っておすすめできません。ギャンブル感覚で「2万〜3万円くらい、なくなってもいいや」ということであれば、趣味の一環として考えられますが、将来に向けた資産づくりということであれば、投資信託の活用を検討した方が良いでしょう。

ただし、投資信託を選ぶ際、**「すごく儲かりそう」「すぐに儲かりそう」な商品には、注意してください**。そのような商品は、大きなリスクをはらんでいる可能性が高いからです。

投資信託でも、1年や2年で基準価額が2倍になることはありますが、それは単なるラッキーであり、そのまま続くことは期待できません。

左の図は、株式・債券・REITにおける主要な**インデックス**をまとめたものです。インデッ

インデックスとは

市場の動きを示す指数

市場で投資をする上での参考基準として、
投資信託の良し悪しを測る際に用いられる

カテゴリー	主要インデックス	20年の平均リターン（1年あたり）
国内株式	TOPIX（配当込み） 日経平均	6.0% 5.3%
外国株式	MSCI コクサイ・インデックス（円）	10.1%
米国株式	S&P500	11.0%
新興国株式	MSCI エマージング・マーケット・インデックス（円）	8.7%
国内債券	NOMURA-BPI 総合	1.1%
外国債券	FTSE/シティグループ 世界国債インデックス 除く日本（円）	4.00%
国内REIT	東証REIT指数（配当込み）	6.9%
外国REIT	S&P先進国REIT指数（除く日本）（円）	8.0%

（マイインデックス「主要インデックスのリターン」https://myindex.jp/major_i.php より（2023年12月5日時点）

リターンの傾向

株式 ＞ ＲＥＩＴ ＞ 債券

外国 ＞ 国内

クスとは、それぞれの市場で投資をする上での参考基準として、投資信託の良し悪しを測る際にも広く用いられている指標です。

ご覧の通り、高いリターンが期待できると言われている外国株式や新興国株式でも、20年間の儲けを平均すれば、10％前後です。

もちろん、たまたま20～30％儲かる年もあります。ただそのかわり、1年間で20～30％損をすることだってありえます。**「より大きく儲かったり損したりすることはあるけれど、平均するとこれくらいだったよ」**という数字と理解してください。

これらの数字を見て「もの足りないな」と感じた方は、投資を諦めてギャンブルに走るしかありません。儲かる投資信託を探すときの基準は、あまり高く設定しないようにしてください。

あらためて前ページの表を見ていただくと、カテゴリーごとにリターンの数字が大きく異なることが分かります。

大まかに言えば、リターンの大きさで考えると、上記のような傾向がみられます。よって、単純に儲かる投資信託を購入したいということであれば、外国の株式で運用する投資信託を選べば良いということになります。

何を重視して商品選びをすればいい？

ここで、「よし、じゃあ外国株式で運用する投資信託を買おう」と決断するのはまだ早いです。

85ページの表は、過去の平均リターンを示しているものであって、**これからの平均リターンを予測しているものではない**からです。

今後、あなたが投資を続けていく上で、目にする情報のほとんどが、過去のデータを集約したものです。実績充分の野球選手がフリーエージェントで移籍した後に尻すぼみの成績となることがあるように、過去に好調だったカテゴリーの資産が、その後低迷を続けることもあるので注意が必要です。

だからこそ、2章で述べた通り、資産配分（ホップ）によって、各カテゴリーへどの程度投資をするのかを考えておくことが大切なのです。

では、商品選びでは、何を重視して検討すべきでしょうか？

それは「**より**」です。

同じカテゴリーの資産で運用する投資信託が数ある中で、**「より上手に」「よりコストを抑えて」「より賢く」**運用している商品、それこそが「より儲かる」投資信託と考えることができます。

スーツを選ぶときに、「こっちの色がいいかな?」「こっちの方が安いかな?」「ボタンが2つのタイプの方がいいかな?」と比較して考えるのと同じことです。

左ページのような**比較ポイント**を押さえておけば、より自分の好みに合った投資信託を見つけることができるはずです。

どんな投資信託があるかは、「投資信託総合ライブラリー」(https://toushin-lib.fwg.ne.jp/FdsWeb/)などで確認できます。

ただし、これだけ見てもさっぱり分からないと思いますので、次に、「何を判断基準にして見ていけばいいのか」を見ていきましょう。

投資信託の比較ポイント

投資対象（資産のカテゴリー）は？ （→90ページ）	国内株式　国内債券　国内REIT 外国株式　外国債券　外国REIT 新興国株式　新興国債券　バランス型
運用スタイルは？ （→94ページ）	パッシブ運用（インデックス運用） アクティブ運用
分配金は？ （→102ページ）	2ヵ月ごと　6ヵ月ごと 3ヵ月ごと　1年ごと　ほとんどなし 4ヵ月ごと　不定期
運用の特徴は？ （→108ページ）	運用方針に共感できる 運用体制が信頼できる 特になし
信託報酬率は？ （→69ページ）	低い 高い

2 投資信託の種類①

投資対象（資産のカテゴリー）

投資信託選びにおいてもっとも大切なことは、**投資対象の確認**です。**これだけで投資信託選びの9割が決まる**と言っても過言ではありません。

希望と異なる投資対象の投資信託を購入するのは、スーツと間違ってTシャツ・短パンを買うくらいおっちょこちょいな行為です。だからこそ、投資信託を購入する時には、必ず投資対象を確認してください。

左の図の通り、投資対象ごとにリターンとリスクのイメージは異なります。たとえば、安定的な値動きを期待して、新興国株式で運用する投資信託を購入するのは本末転倒です。同様に、大きく儲けたいと思っている人が、国内債券を投資対象とする投資信託を購入しても、その目的を達成する日はまずやってこないでしょう。

それぞれの特徴は以下のようになっています。

投資対象によるリターンとリスクのイメージ

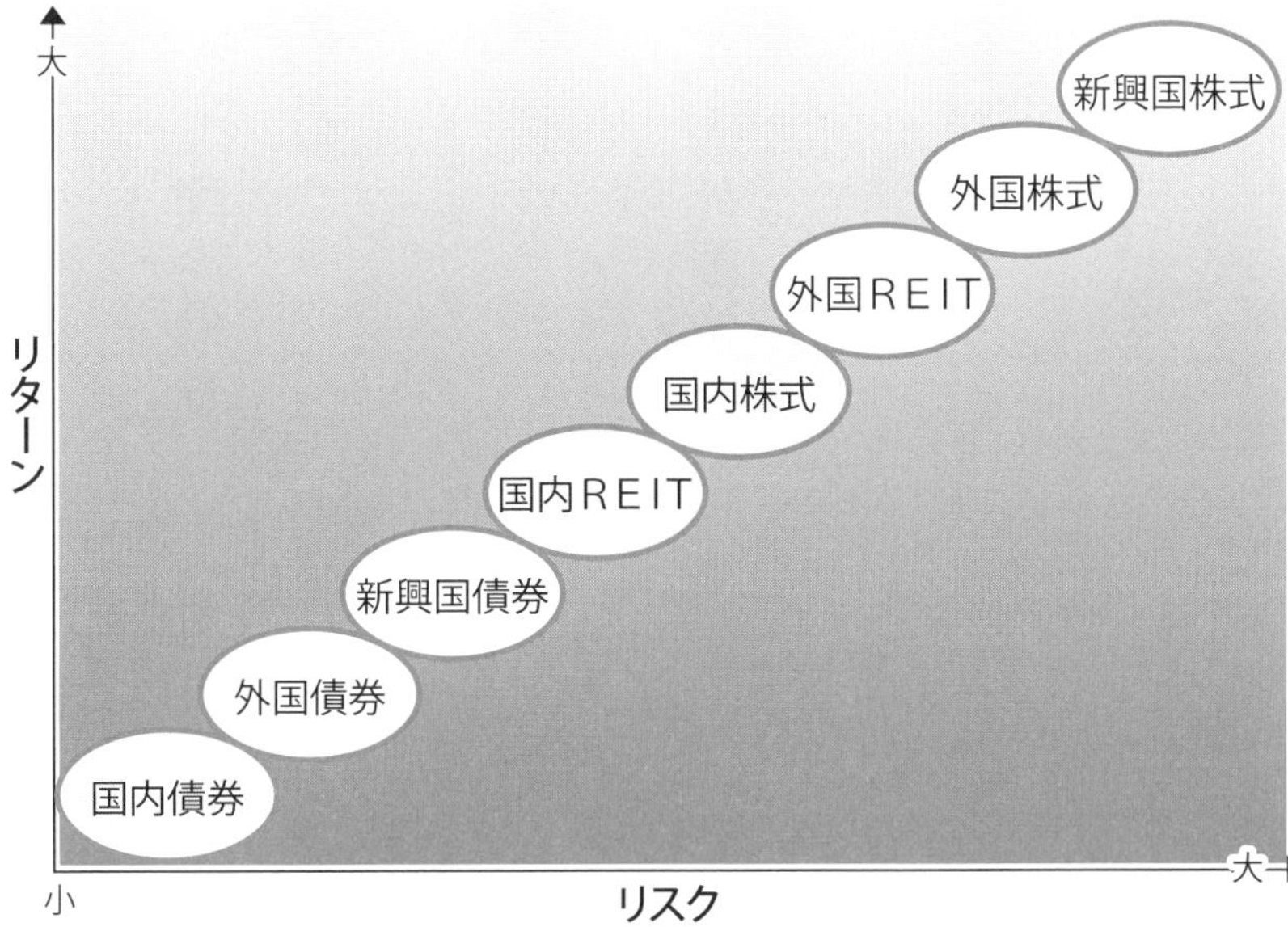

①国内株式

さまざまな上場企業の株式を間接的に購入することになります。結果的に、色々な日本の企業が成長する状況が続けば、国内株式で運用する投資信託も値上がることが期待できます。

ただし、人口の減少が予想され、日本の潜在的な経済成長力が低いため、外国の株式に比べるとリターンの魅力もやや低くなります。

②外国株式

為替のリスクを直接的に被ることもあり、リターンもリスクも大きくなります。

外国企業の成長力に期待したいという人は、外国の株式で運用する投資信託の活用を検討してみるとよいでしょう。

③国内債券

はっきり言って、地味です。あまり高いリターンを期待することはできませんが、リスクも小さくなります。ただし、低金利の状況が変わり、国内の金利が上昇するような局面になると、リターンが低下してしまう可能性が高まります。

④外国債券

国内債券よりも、利息の多い外国の債券で運用している点に魅力があります。ただし、**為替リスクの影響を受ける**ため、安定的な運用となることは期待しにくいでしょう。もし、為替リスクを避けたい場合は、為替ヘッジ付の商品を選ぶことも考えられます。

なお、為替ヘッジとは、為替相場による基準価額の変動を抑えるしくみのことを指しています。

⑤新興国株式・新興国債券

新興国の高い経済成長力に期待したいという人には、これらの株式や債券で運用する投資信託の利用も考えられます。ただ、ここ10年程度は、先進国に比べてややパフォーマンスが劣っています。

⑥国内REIT・外国REIT

株式で運用する投資信託に比べるとまだ歴史が浅いため、市場が小さいことが原因で価格の変動がより大きくなる場面も見られました。

ただ、ここ数年で市場規模もやや大きくなり、リターンとリスクのイメージとしては、株式にかなり近づいてきました。コロナショック以来、不動産需要の低下が心配されますが、日本経済・世界経済の正常化と共に、不動産需要も回復することが期待されます。

3

投資信託の種類②

運用スタイル

同じカテゴリーの資産で運用している投資信託を複数見比べてみると、その運用結果が少し異なるのが通常です。その違いの主な原因として挙げられるのが、「**運用スタイル**」です。

投資信託の運用スタイルは、大きく2つに分けることができます。それが「**パッシブ運用（インデックス運用）**」と「**アクティブ運用**」です。

言葉の印象から「アクティブ」の方が元気で良さそうに感じるかもしれませんが、その一般的な感覚は捨ててください。アクティブの方が良いわけでも、パッシブの方が悪いわけでも、その逆でもありません。優劣をつけるための判断材料と考えず、**異なるやり方が2種類あるだけ**とフラットに見てください。

パッシブ運用でも、アクティブ運用でも、多くの投資信託では「**ベンチマーク**」を定めています。ベンチマークを直訳すると「指標」あるいは「基準」という意味になりますが、運用する際に参

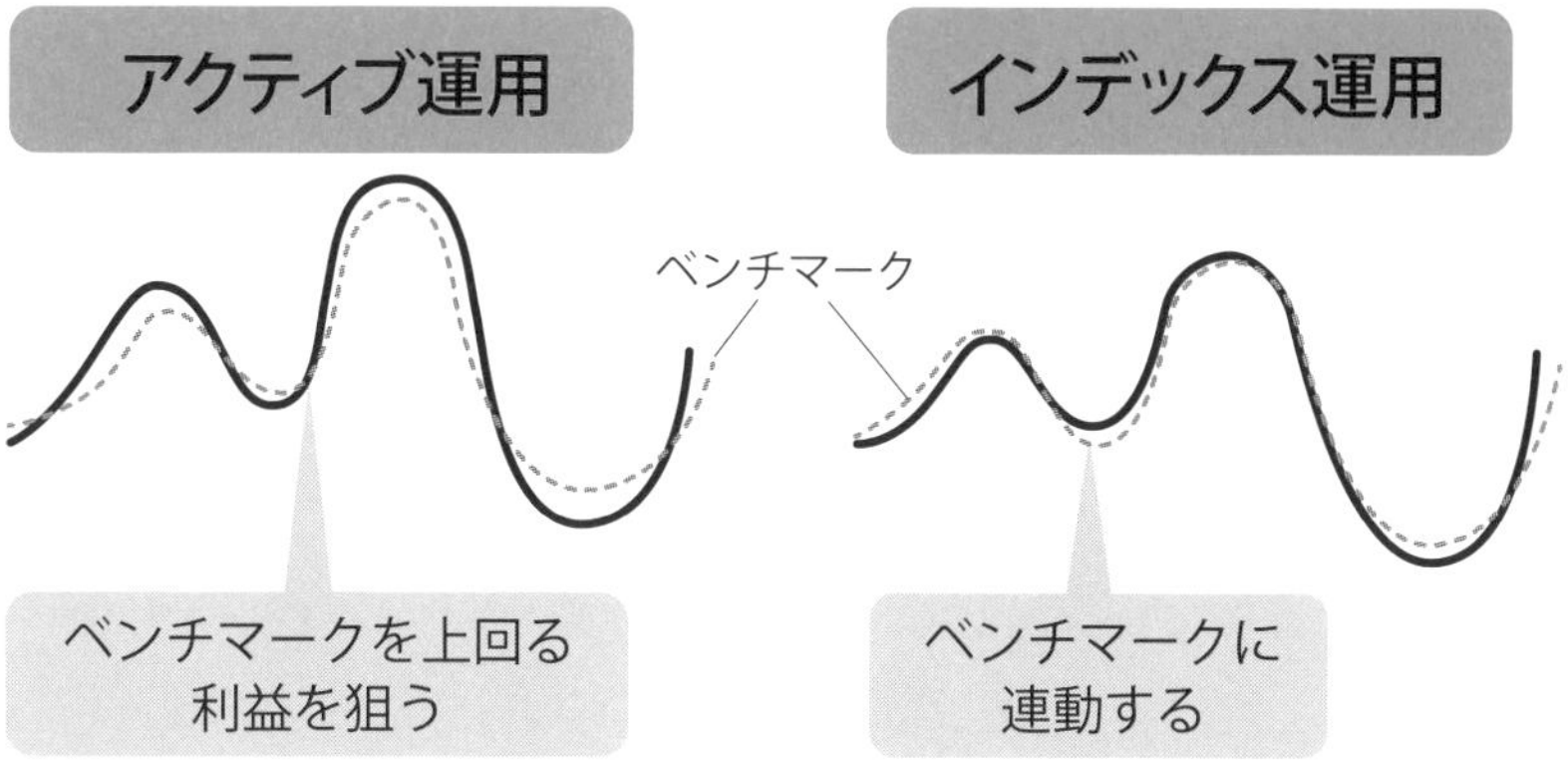

考となる基準を示しておくことで、投資信託を購入する人たちにとっても、「ああ、こんな感じで値動きするんだろうな」とイメージしやすくなっています。

たとえば、国内株式で運用する投資信託であれば、**「日経平均株価（日経225）」**や**「TOPIX（東証株価指数）」**など、国内の上場株式の値動きを、ある程度まとまった単位で示しているインデックス（指数）をベンチマークとするのが一般的です。

①パッシブ運用（インデックス運用）

ベンチマークに連動することを目指して運用する方法です。

たとえば、日経平均株価をベンチマークとした投資信託の場合、日経平均株価が1％値上がりすれば、その投資信託も1％程度値上がりするように運用しています。同様に、日経平均株価が1％値下がりすれば、1％程度値下がりすることを目指します。

日経平均株価に連動させる運用は、それほど難しくありません。単純に考えると、225銘柄すべての株式を買えば、日経平均株価と連動して値動きする投資信託を作ることができます。実際はそこまで単純ではありませんが、結果として、パッシブ運用は複雑な作業を減らすことができるので、**信託報酬率が低くなる傾向があります**。

なお、「パッシブ運用」と「インデックス運用」に若干の違いはありますが、コカ・コーラとペプシ・コーラ程度の違いなので、初心者の方は「同じようなもの」と考えて差し支えないでしょう。

②アクティブ運用

ベンチマークを上回ることを目指して運用する方法です。

たとえば、日経平均株価をベンチマークとしたアクティブ運用の投資信託の場合、「日経平均株価が1％値上がりする時には1％ちょっと値上がりする、1％値下がりする時には1％まで値下がりしない」ことを目指します。

ここで、理解しておくべきことが2点あります。

ひとつめは、**アクティブ運用だからといって、短期的にベンチマークを大きく上回るほど極端**

アクティブ運用		インデックス運用
ベンチマークを上回るリターンを期待できる	メリット	コストが低い傾向
値下がり時にベンチマークよりも大きく値下がりしやすい コストが少し高い	デメリット	面白みに欠ける

な運用をする投資信託はほとんどないこと、そしてもうひとつ、現実的に**値下がり時はベンチマークよりもやや大きく値下がりしやすい**ということです。

アクティブ運用では、ファンドマネージャーと呼ばれる専門家が、さまざまな手法を駆使してベンチマークを上回る運用成果を目指します。

そのため、パッシブ運用よりもやや信託報酬率が高くなる傾向があります。若干のコストをかけて、より高いリターンを狙っている運用をしているということです。

よって、アクティブ運用の投資信託を選ぶ際には、**高めのコストに見合ったパフォーマンスを期待できるのかどうか**を見極めることが大切になります。

4 投資信託の種類③ バランス型

分散投資が賢い運用方法であることは34ページで述べましたが、そのためには株式で運用する投資信託や債券で運用する投資信託等を、組み合わせて購入しなければなりません。

しかし、いくつもの投資信託を一気に購入することを面倒に感じる方もいることでしょう。

そんな人ほど、こんな風に思うかもしれません。

「運用会社の方で、株式とか債券とかに分散投資しておいてくれよ。そうすれば、お手軽に分散投資ができるじゃないか」

はい、その通りです。**ちゃんと、各運用会社の方で、分散投資してある投資信託が用意されています。**それが「**バランス型**」と呼ばれる投資信託です。

「国内株式だけ」、「外国債券だけ」といった単一のカテゴリーのみで運用している投資信託を、

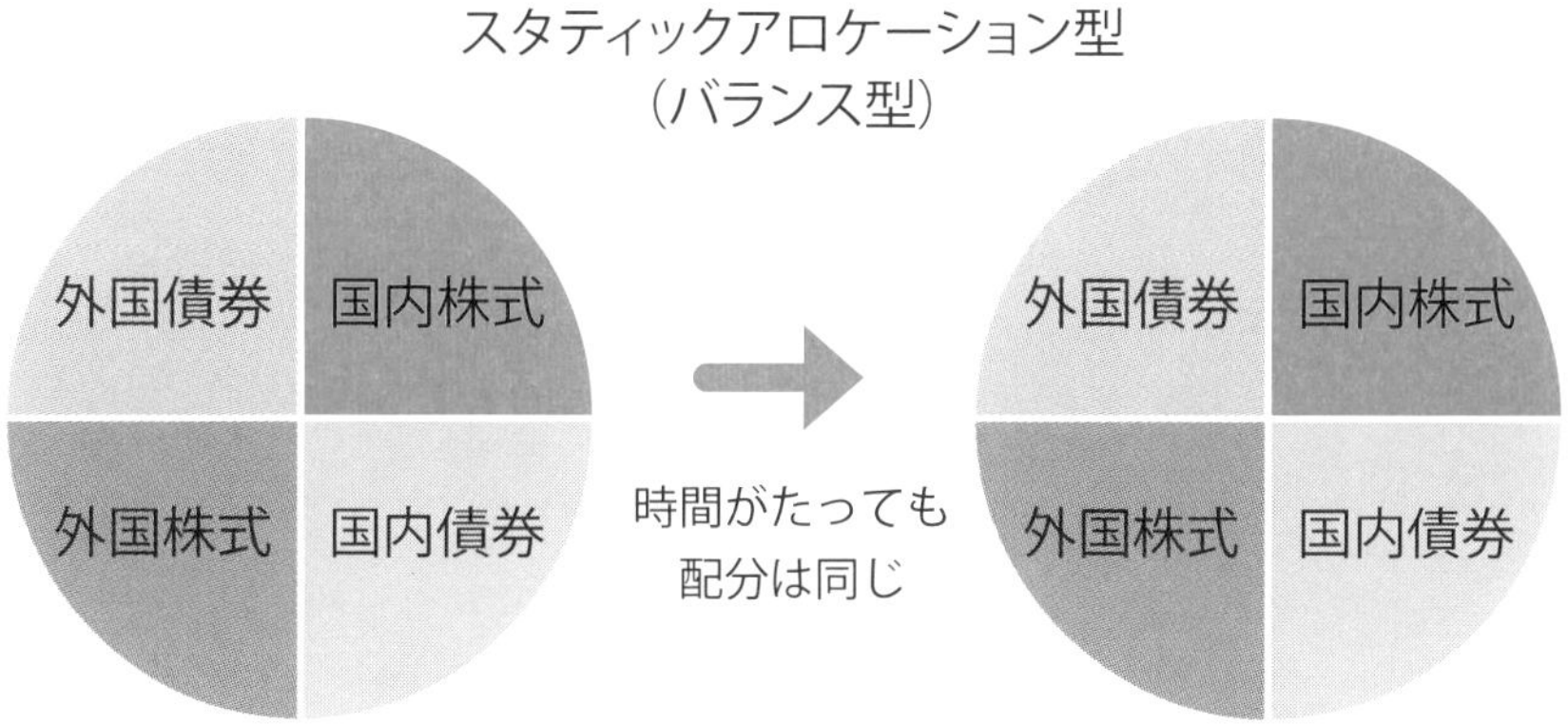

自分で組み合わせて購入することは、現実的に初心者の方にとってかなりハードルが高いとも言えます。みなさんが初心者を自認するのであれば、まずはバランス型の投資信託を検討してみてはいかがでしょうか。

とはいえ、バランス型の投資信託にもさまざまな種類のものがあります。自分の考えに合ったバランス型の投資信託を見つけることが大切です。

①スタティックアロケーション型（バランス型）

一般的に「バランス型」と表示されている場合は、このスタティックアロケーション型に相当するケースが多いです。

スタティックという言葉には「静止した」という意味があり、株式や債券等の**資産配分を一定に保って運用**するバランス型投資信託のことを指します。

ターゲットイヤー型

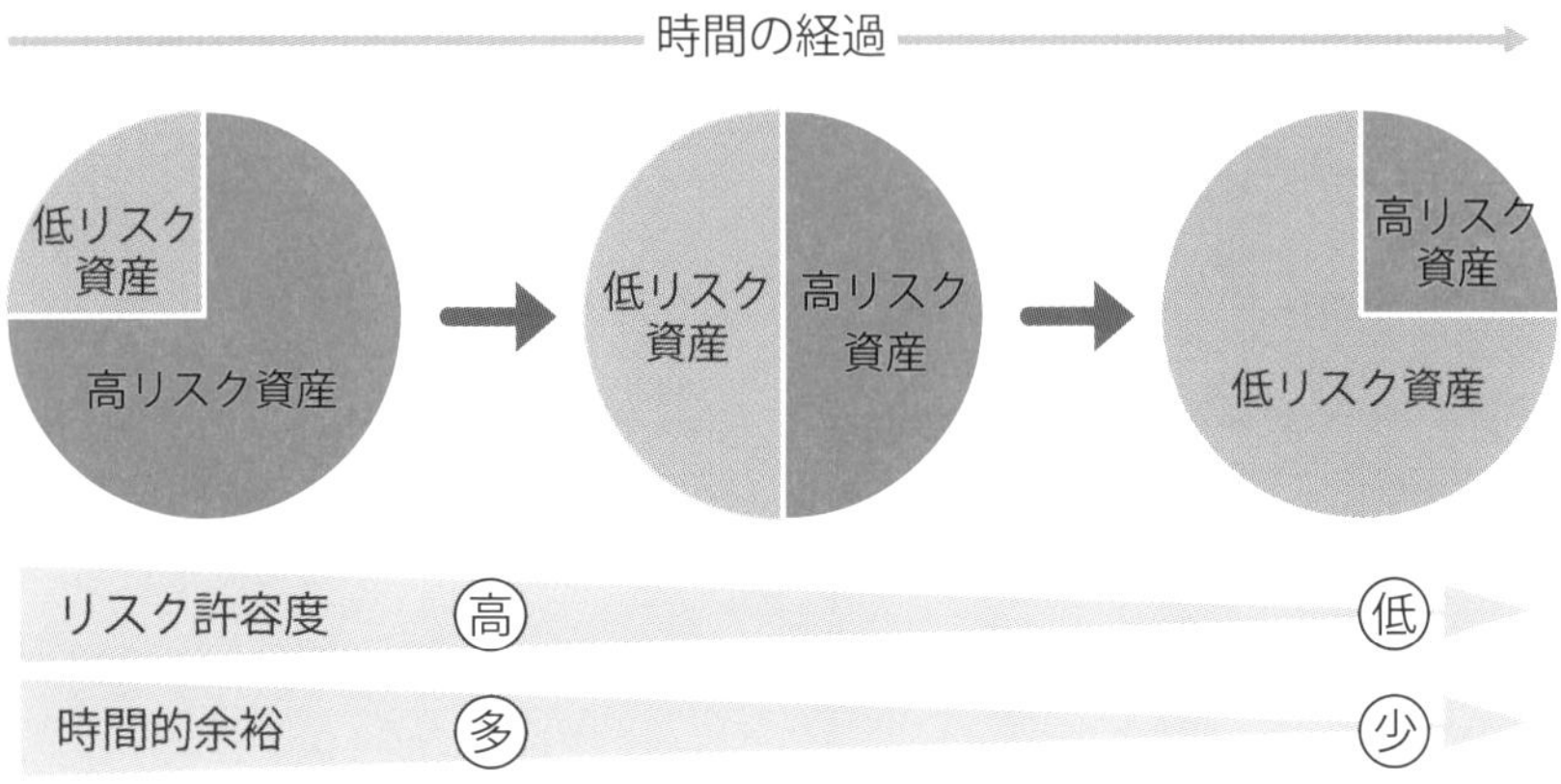

株式に多く投資しているものもあれば、株式を少なめにした資産配分のものもあります。各種資料で確認することができますが、商品名に株式比率が示されていたり、日本語名でイメージがつかみやすいように工夫されているケースもあります（例：成長型→株式多め、安定型→株式少なめ）。

②ターゲットイヤー型

時間の経過とともに、株式のようなリスクの高い資産の割合を少しずつ減少させ、結果として**よりリスクの低い運用に変遷していく**バランス型投資信託のことです。商品名に西暦を記載していることが多く、その年に向けてリスクの高い資産の割合を減らしていきます。

一般的に、投資の初期段階はリスク許容度が高いと考えられています。たとえ大きく値下がりしても、値上がりを待つ余裕があるからです。しかし、投資の終盤で大きく値下がり

リスク管理型

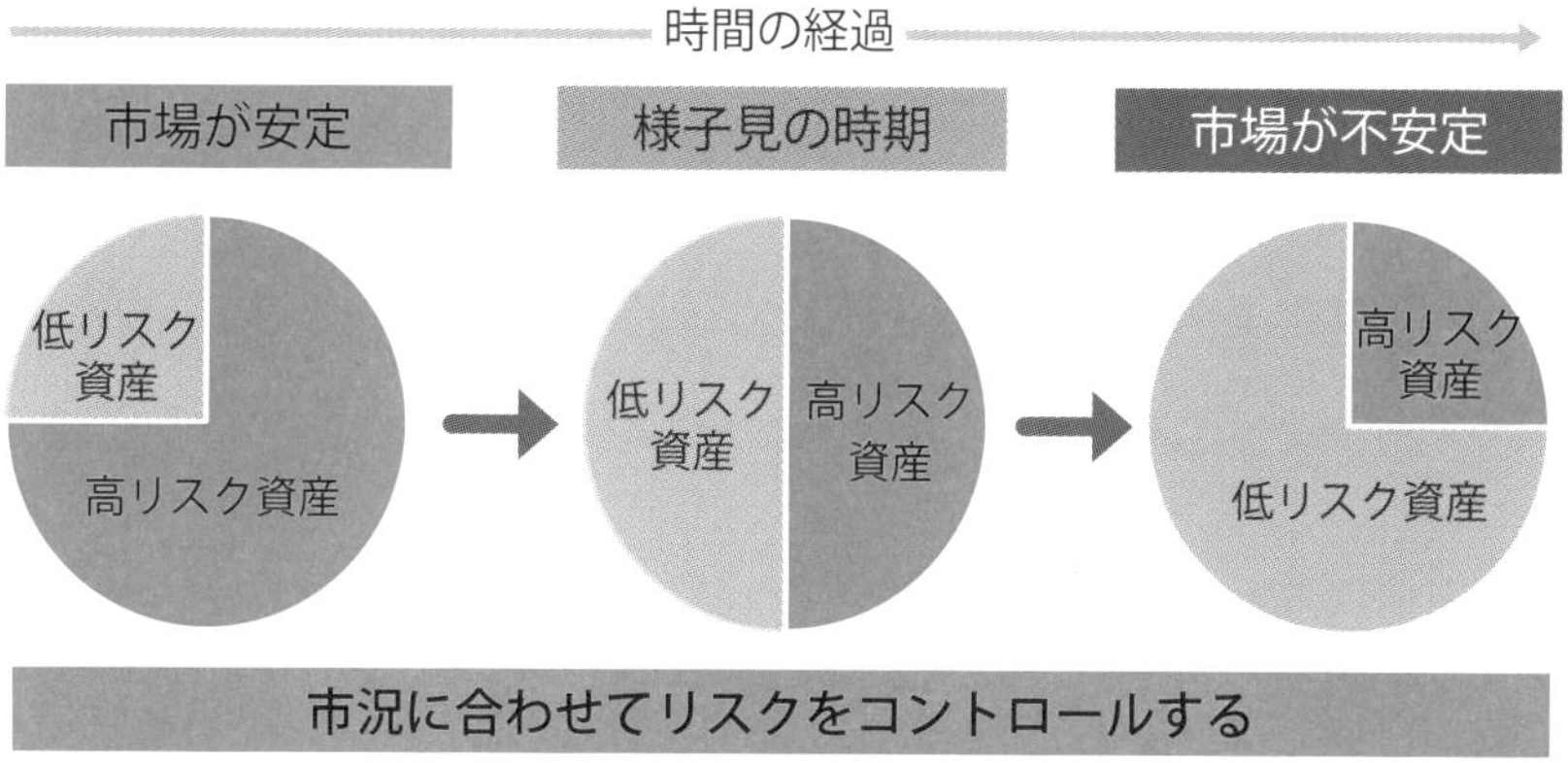

した場合は、その値下がりを取り返すだけの時間的余裕がないので、リスク許容度は低くなっていると考えられます。

このような**時間の経過とリスク許容度の変化**に着目して作られたバランス型投資信託を、ターゲットイヤー型と呼んでいます。

③リスク管理型（資産配分調整型）

市場環境等を勘案して資産配分を変動させるバランス型投資信託です。時には株式のようにリスクの高い資産を多めにしたり、少なめにしたりといった調整が可能です。

運用会社の方で資産配分を臨機応変に変動してくれる反面、それだけ運用で考えることが多くなるため、やや信託報酬率が高くなる傾向があります。

5 投資信託の種類④ 分配金

毎月分配金がある投資信託は新NISAでは購入できない

投資信託では、投資している資産の中から、その一部を投資家に分配するケースがあります。この**分配される資産**のことを「分配金」と呼んでいます。中には、毎月のように分配金を受け取ることができる投資信託もあり、これを「毎月分配型」と呼んでいます。

ただし、**新NISAで購入できる投資信託に毎月分配型のものはありません。**

毎月分配型というのは、その名の通り、分配金を毎月受け取ることができる投資信託ですが、その場合の分配金とは、本人の投資資産の一部を投資家へ定期的に返す、いわば自分の足を食べるタコのような性格のものなので、「将来の成長」を阻害してしまう側面があります。長期投資には向いていません。

新NISAで購入できる投資信託の分配金としては、以下の7つのパターンが考えられます。

①2ヵ月に1度分配金を受け取る
②3ヵ月に1度分配金を受け取る
③4ヵ月に1度分配金を受け取る
④6ヵ月(半年)に1度分配金を受け取る
⑤1年に1度分配金を受け取る
⑥不定期で分配金を受け取る
⑦分配金を受け取ることはほとんどない

これらのうち、どれが一番良いかというと、はっきり言って**どれでもいいです**。分配金の有無や頻度が投資信託の運用に与える影響は微々たるものだからです。賢く投資信託を選びたい時に、**分配金の確認は二の次**で結構です。

新NISAでは分配金にも課税されません。よって、一部でも早く儲けを受け取りたいという人は、①や②のようなタイプの投資信託を選ぶとよいでしょう。

分配金のイメージ

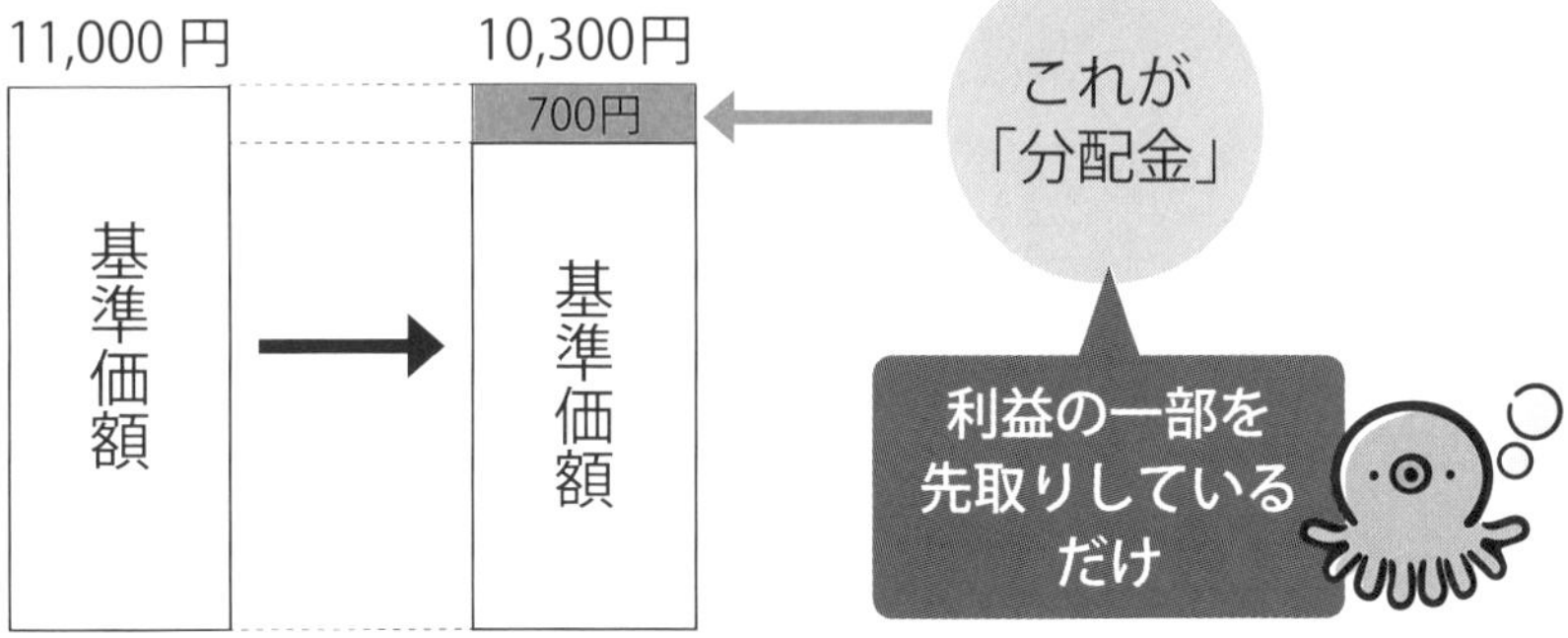

分配金は儲けの先取り

ただし、分配金が多い、あるいは高い頻度で受け取ることができる場合は、その分だけ基準価額が下がるので、結果的に**解約（売却）時の儲けが少なくなります。**

逆に、分配金が少ない投資信託は、分配金のせいで基準価額が下がるケースは少なくなるので、その分だけ解約時の儲けは多くなることが期待できます。

つまり、**分配金は、儲けの一部を先取りしているにすぎない**ということです。

先取りした分は自由に使うことができる反面、使ってしまえば無くなってしまいます。使わなかったとしても、預金口座に置いておけば、増えることはほとんど期待できません。

もし長期的に、少しでも資産を成長させたいと考える方は、⑥や⑦のようなタイプの投資信託の方が合うと考えられます。分配金による投資資産の減少を免れる分だけ、より多くの資産を投資にあて続けることができるからです。

人気のある投資信託ほど、分配金の頻度ごとに複数の商品を取り揃えるケースが多くなっています。

A・サイズ外国債券ファンド（隔月分配型）」（①「2ヵ月に1度分配金を受け取る」タイプ）
B・サイズ外国債券ファンド（資産成長型）』（⑦「分配金を受け取ることはほとんどない」タイプ）

このような具合です。

前述の通り、この場合のAとBの運用成績の差はほとんどありません。よって、好きな方を選んで問題はありません。

では、AかBで迷ったときにどうすれば良いかと言うと、Bを選んだ方がベターです。

Bを選んだ後に、儲けの一部を毎月受け取ることができないことが嫌だと思ったら、Aで受け取ることができる分配金と同じ金額分だけBを解約（売却）すれば、同時期に同様に儲けを手に入れることができます。

6 投資信託の比較方法

投資をする上で、さまざまな商品を比較検討することは大切です。ただし、無駄な比較をしていては、タイムパフォーマンスの点で損をしてしまいます。よって、投資信託を比較する際には、**ポイントを絞って検討**することが大切です。そのために、まず**やってはいけないこと**から挙げます。

BAD

①国内株式で運用する投資信託と外国株式で運用する投資信託の比較

投資対象が異なれば、運用結果が異なるのは当然です。世界経済全体を読む上で、日本の株式と外国の株式の値動きを予想するのは構いませんが、「○○日本株ファンド」と「△△外国株ファンド」を比較するのは無意味と考えられます。

BAD

②パッシブ運用の投資信託とアクティブ運用の投資信託の比較

パッシブ運用とアクティブ運用の投資信託を比較すると、目につくのが信託報酬率の違いです。ただ、**パッシブ運用の方が信託報酬率は低くなるのは当たり前**なので、時間をかけて比較するほどのものではありません。

BAD

③分配金の比較

103ページに記した通り、分配金が運用結果の良し悪しに与える**影響は微々たるもの**なので、気にしなくても大丈夫です。

なお、89ページの「投資信託の比較ポイント」を済ませておけば、結果的にこれら3つの「やってはいけないこと」はすでに排除されているので、ご安心ください。

商品比較ですべきなのは、**「似たような投資信託を比較する」**ことです。

新NISAの中で、投資対象や運用方針等で投資信託を探していくと、必ず似たような投資信託が複数見つかるはずです。もし、似たような投資信託が見つからなければ、唯一見つかったその投資信託に決めても大きな問題はないでしょう。

似たような投資信託を見つけた時の比較ポイントは以下の3つになります。

GOOD

①同資産で運用するパッシブ運用の信託報酬率

パッシブ運用の投資信託の信託報酬率は低くなる傾向があり、年々、より低コストの商品が開発されています。コストが低くなる分だけ有利になるとも考えられますが、ベンチマークと連動性を保つためのメンテナンスが難しくなることが不安視されます。信託報酬率が低ければ必ず長期的なパフォーマンスが高まるわけではなく、**低ければ低いほど良いとは断言できません**。

GOOD

②アクティブ運用の具体的な運用方針

ベンチマークを上回るパフォーマンスを示すために、アクティブ運用の投資信託では、銘柄の選別を工夫しています。その工夫の代表例として、主に割安な銘柄で運用する「**バリュー型**」、主に成長力に期待できる銘柄で運用する「**グロース型**」などが挙げられます。

短期間でベンチマークを大きく上回るケースは稀ですが、長期的にみると、ベンチマークを大きく上回っているものもあります。中身を見比べた結果、「このやり方なら、より高いパフォーマンスを示してくれそうだ」と感じた時には、その投資信託を利用してみるのもありです。

GOOD

③リターンとリスクの両方で見比べる

どんなに高いリターンが期待できる投資信託でも、リスクが大き過ぎるものは良い投資信託と言えません。逆に、リターンがそこそこでも、リスクがものすごく小さくなっているのであれば、良い投資信託と考えられます。

投資信託では、過去のリターンやリスクの情報を開示していますし、その関係性を数値化した「**シャープレシオ**」も見ることもできるので、投資信託を比較する際には有効に活用してみましょう。

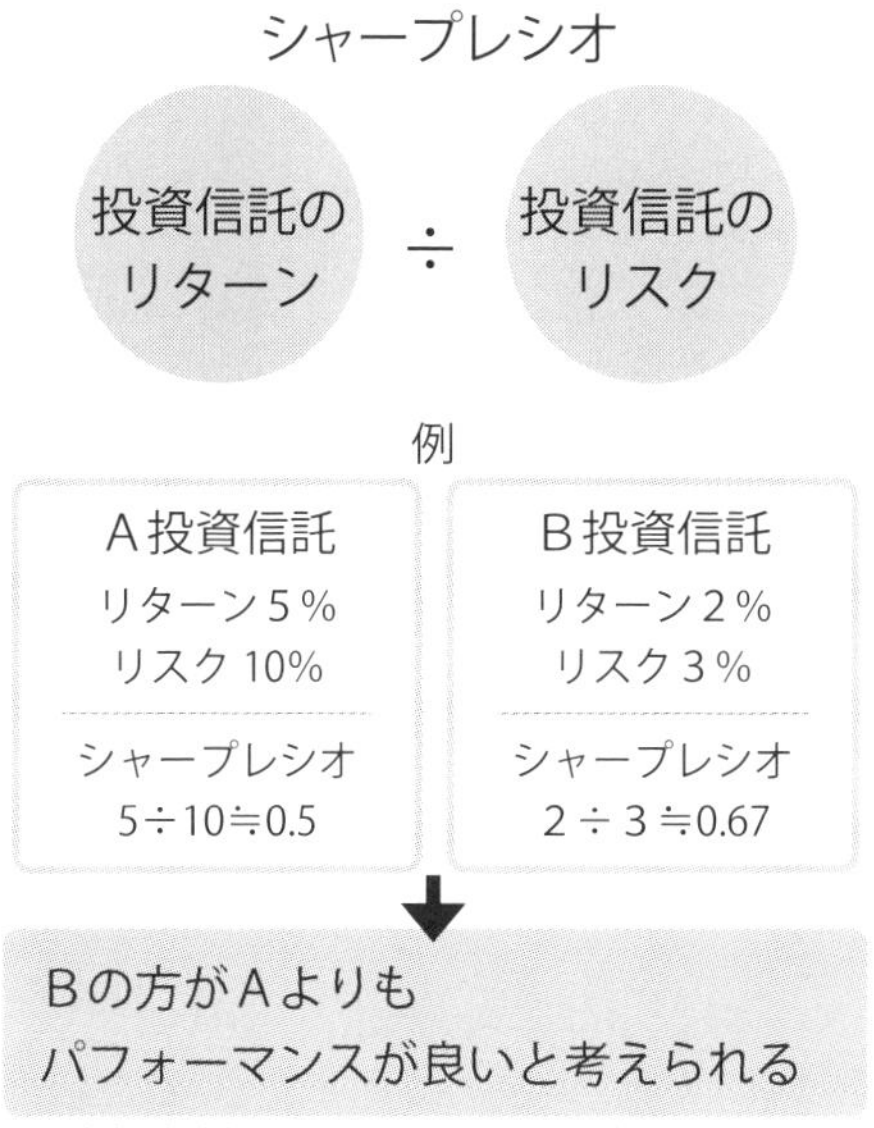

※本来は投資信託のリターンから無リスク資産のリターンを差し引きますが、ここでは計算を簡略化しています

7 株式投資（個別銘柄）をしてみる

今は投資初心者を自認している人でも、「いつかは成長投資枠を使って、個別銘柄の株式を自分で選んで投資してみたい」と考えている方もいることでしょう。

ある程度投資に慣れた段階で「自分でやってみる」というのは、前向きなステップアップと考えられます。将来、「株式投資家」を名乗る日を夢見ることも、決して悪い野望ではないでしょう。

ただし、投資信託の購入と、上場株式を自分で選んで投資することを、同一で考えることはできません。違いも多いので、それらを意識しながら、慎重に検討しましょう。

投資信託との違い①ランニングコストがゼロ

投資信託には信託報酬の負担がありました。一方、新NISAで購入した個別銘柄の上場株式に対し、信託報酬のような**ランニングコストはかかりません**。つまり、コストゼロで投資を続けることができます。そのため、株式投資に慣れている人の中には、「信託報酬をとられるのがバカらしい」と言って、投資信託の購入を避ける人もいるくらいです。

投資信託との違い②売買手数料がかかる

購入時に手数料がかかる場合、投資信託は投資額に対する割合で計算します。一方、株式を購入（売却）する場合は、**取引1回あたりで手数料が計算されます。**

なお、投資信託の売却（解約）時において、手続きに対する手数料はかかりません（信託財産留保額は除く）。ただし、金融機関によっては、それぞれ無料になったり計算の条件が異なることもあります。

投資信託との違い③個人での分散投資が難しい

「新NISAで投資できる上場株式は国内の銘柄のみ」となっている証券会社もあります。その場合は、国際的な分散投資は当然できません。上場株式の売買に夢中になっていると、国内株式に偏った資産配分になりかねないので注意しましょう。

それ以上に問題となるのが、**銘柄分散**です。

たとえば、国内の株式で運用する投資信託の場合、複数の上場株式に投資して運用しています。少なくとも数十種類の銘柄、商品によっては2000前後の銘柄に投資するものもあります。

もちろん、新NISAにおいて「1人〇〇銘柄まで」という制限はないので、自分自身で銘柄を分散することも可能です。ただし、成長投資枠をフルに使っても総額1200万円までです。現実的にそこまで投資資金を確保できる人は少ないでしょうから、銘柄分散を意識して株式投資するのは難しいと言えるでしょう。

投資信託との違い④銘柄分析が大変

国内には、今後の成長が期待できる企業もあれば、衰退の一途をたどる企業もあります。倒産寸前かと思いきや、新規事業に活路を見出す企業もあります。

もちろん、上場企業はさまざまな情報を開示しているので、それらを分析すれば、今後成長する、つまり株価が上がる銘柄を見つけることができるかもしれませんが、3000を超える上場企業を分析するのは大変です。現実的には、たまたま興味を持った企業から順に分析することになるでしょうが、チームを組んで銘柄分析を行っている投資信託に比べると、体制的にやや不利な形

個別銘柄の株式と投資信託の違い

	個別銘柄	投資信託（国内株式で運用するもの）
ランニングコスト	なし	信託報酬等あり
売買手数料※	１取引あたり	投資額に対する割合
銘柄分散	難しい	プロが行ってくれる
銘柄分析	必要	不要
相場のチェック	自分で行う	運用会社が行う
どんな人に向いているか	時間に余裕のある人向け	本業に集中したい人向け

※証券会社ごとに異なる。

で株式投資を行うことになります。

投資信託との違い⑤ 相場のチェックが大変

株式投資はハイリスクです。短時間で急激に値上がりすることもあれば、値下がりすることもあります。多くの人が働いている昼間に株式相場は開いているので、みなさんが仕事で手が離せない時間に急落することもあります。

投資信託であれば、運用の担当者が機動的に対応することができますが、自分自身で株式投資をしている場合は、傍観することさえ間に合わないといったケースも想定されます。

8 チャートを読む

チャートで株価の動きがわかる

チャートを訳すと、「図」や「図表」になります。もっと簡単に言えばグラフのことです。投資の結果をチャートで表すと、過去の推移や傾向を把握しやすくなります。とくに株式投資においては、チャートを読めることが常識と言っても過言ではありません。

株式チャートでよく使われるのが**ローソク足**です。初めて見ると、「なんだ、これ？」と感じるかもしれませんが、意外と簡単なので、モチベーションを落とさず、見てみてください。

ローソク足は、主に**1日単位の値動き**を示す際に用いられます。

その日に株価が値上がりすると、四角いローソク部分が白抜きになります。

左のAのケースでは、その日の最初の取引が1株あたり490円で売買され、最後の取引は

５００円だったので、１日で10円値上がりしたということになります。上下に伸びている線は、その日の最高値と最安値を示します。

Ａのローソク足を読み取ると、「株価４９０円でスタートして、一時４８４円まで値下がったものの、その後切り返して５０３円まで値上がった。ただ、最終的には５００円で落ち着いた」と考えられます。ローソク足によって、その日の取引が大まかにイメージできるようになっています。

Ｂのように、ローソク部分が黒く塗りつぶされている場合は、その日の株価が値下がりしたことを意味します。しかも、上に伸びている線が無いので、最初の取引でついた株価を上回る場面が一度もなかったことが分かります。

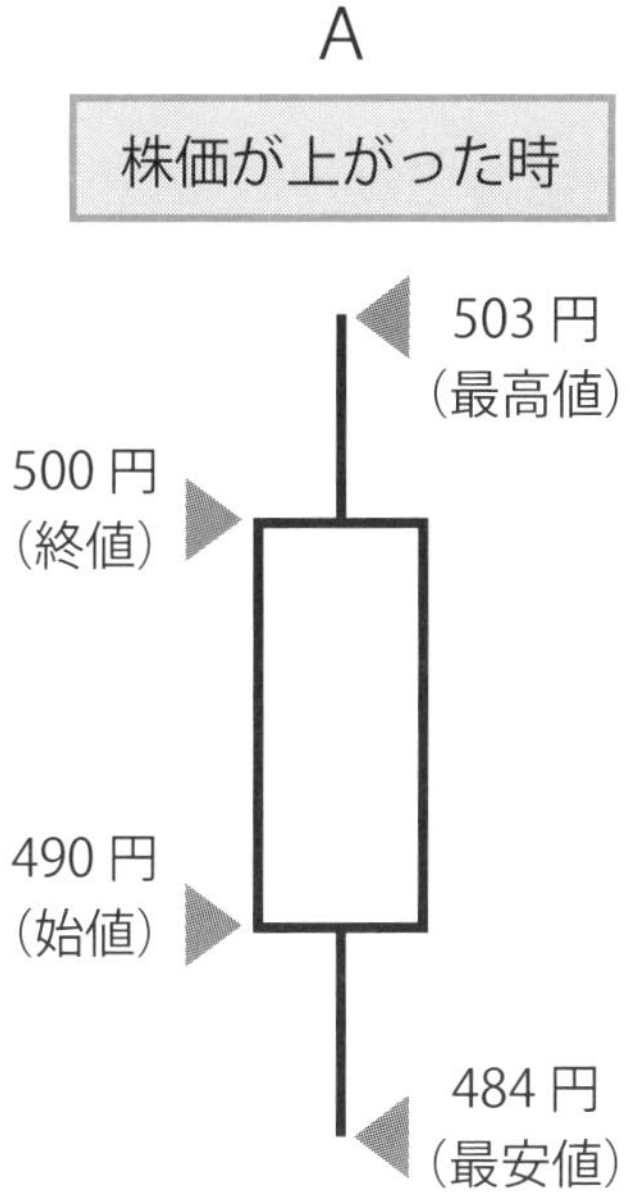

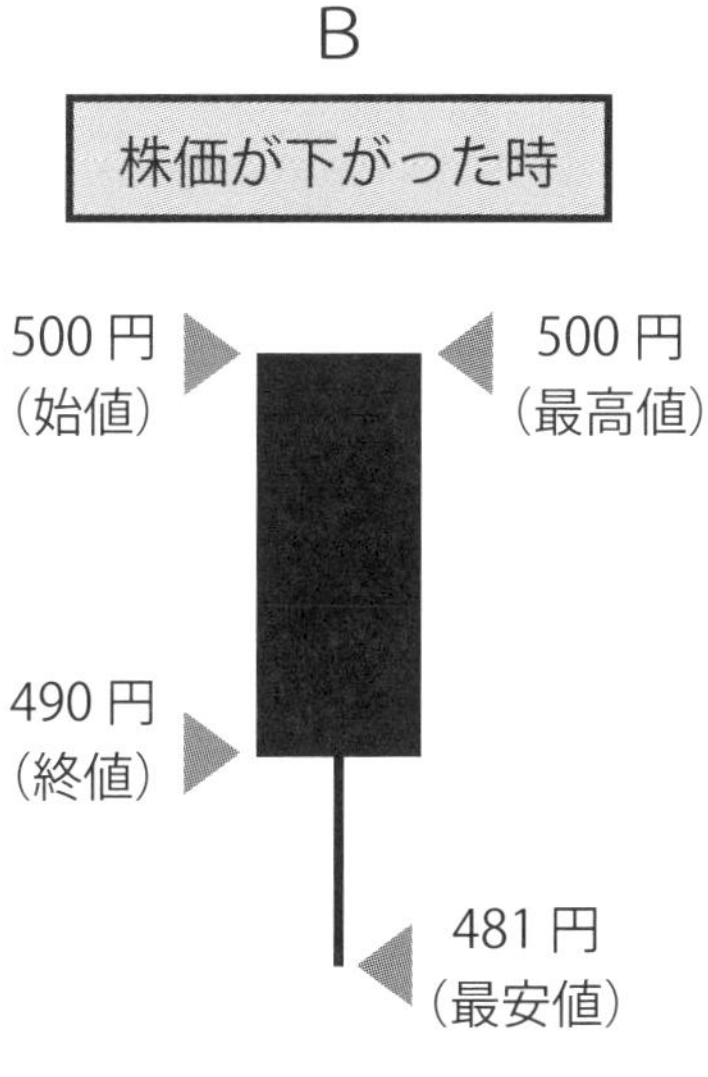

Bを読み取ると、「株価500円でスタートしたものの、値下がりし続けて一時は481円まで至ることに。ただ、その後はやや落ち着いて、490円まで株価は戻った」と考えられます。

なお、1日単位で作ったローソク足を「日足」一週間単位で作ったものを「週足」、1ヵ月単位で作ったものを「月足」と呼んでいます。

チャートから将来の動向を予測する

また、ローソク足の終値を結んでチャートを作れば、株価の推移を把握することができます。

ただ、株価はその日ごとの値上がり・値下がりだけでも大きいため、チャートの形がギザギザになって見えづらくなってしまいます。そこで、単純に1日ごとの終値でチャートを作るのではなく、数日、または数週間・数ヵ月間の平均値を繋いで株価のチャートを作るのが一般的です。

これを「**移動平均線**」と呼んでいるのですが、将来の株価を予測する際に、この移動平均線がよく使われています。

比較的短い期間の平均値を用いるものを短期線、長い期間の平均値を用いたものを長期線と呼んでいますが、この移動平均値の推移をみて、今後の株価動向を予測するのです。

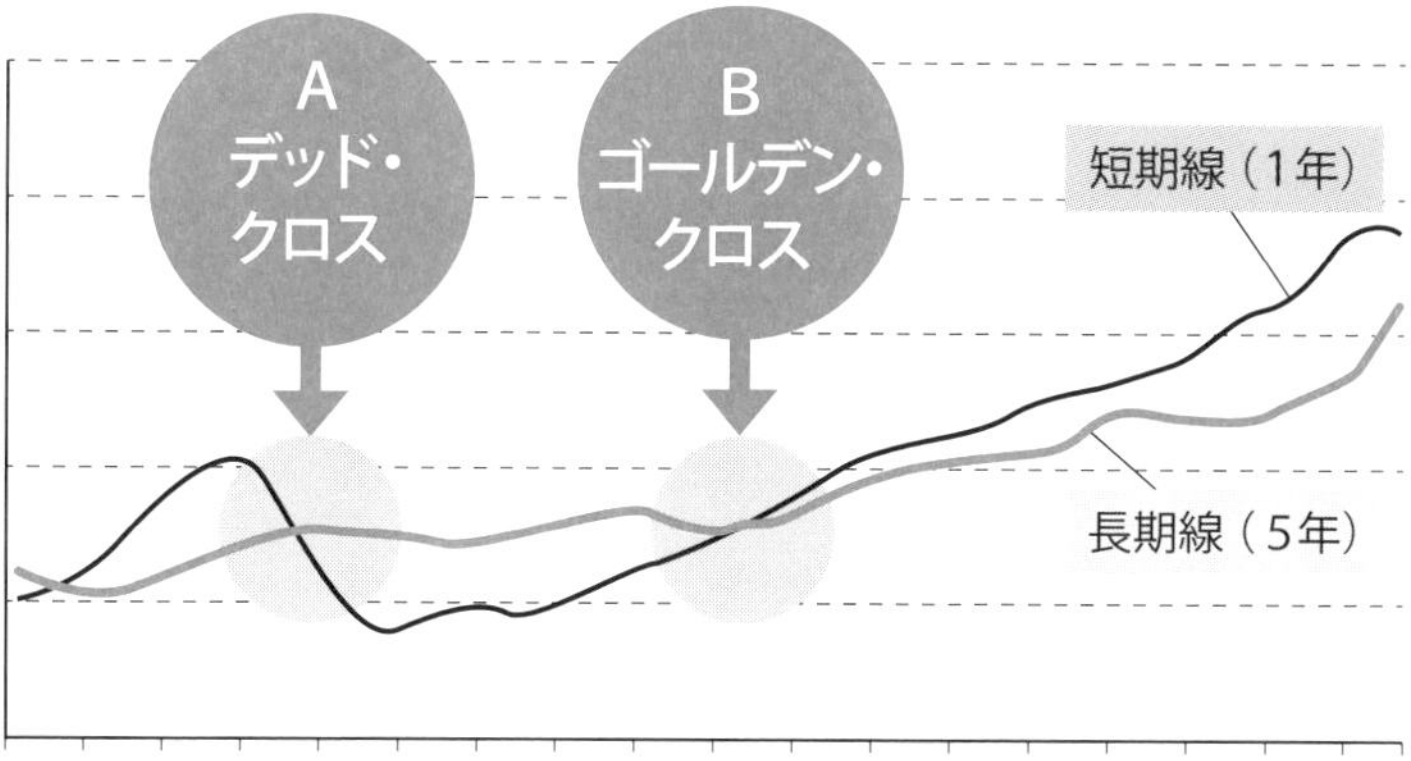

たとえば、上の図のようなチャートがあるとします。短期は1年ごと、長期は5年ごとの移動平均線です。

Aで、短期線が長期線を下に追い越しています。この形は「**デッド・クロス**」と呼ばれ、下落相場の予兆と考えられています。

Bでは逆に、短期線が長期線を上に追い越す形になっています。これを「**ゴールデン・クロス**」と呼んでいて、その後のさらなる値上がりの予兆と言われています。

ただし、これらはあくまでも**傾向**であるため、必ずそのように値動きするという訳ではありません。

とくに個別銘柄の長期的な値動きは、それぞれの企業の業績や成長力が基本となります。チャート分析を過信するのではなく、参考程度に活用した方がベターと言えるでしょう。

9 デイトレードと長期投資、どう考える？

デイトレードは1日の成果の積み重ね

デイトレードを直訳すれば「Day（日々）」「Trade（取引）」となりますが、つまり毎日のように株式等を売買して儲けようという手法のことです。

デイトレードの儲け方は単純です。その日の値動きの傾向を掴んで、小さく値下がりしたところで買い、小さく値上がりしたところで売る。結果の小さな儲けを積み上げていくイメージは、32ページでも紹介しました。

有名企業の株式銘柄であれば、1日あたりの取引量が多いこともあり、一方的に値上がりする、あるいは一方的に値下

デイトレードの基本的なしくみ

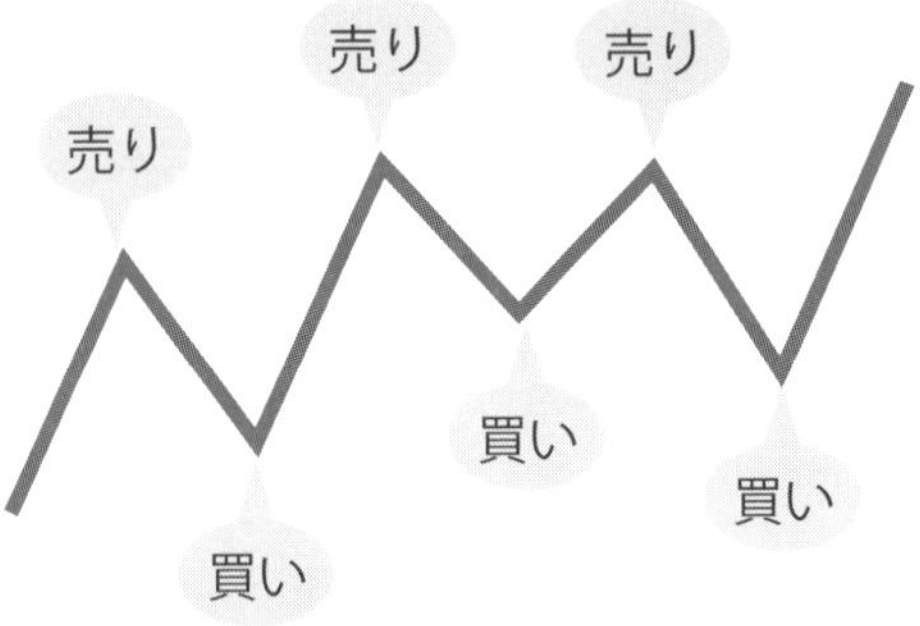

予想が当たり続ける確率

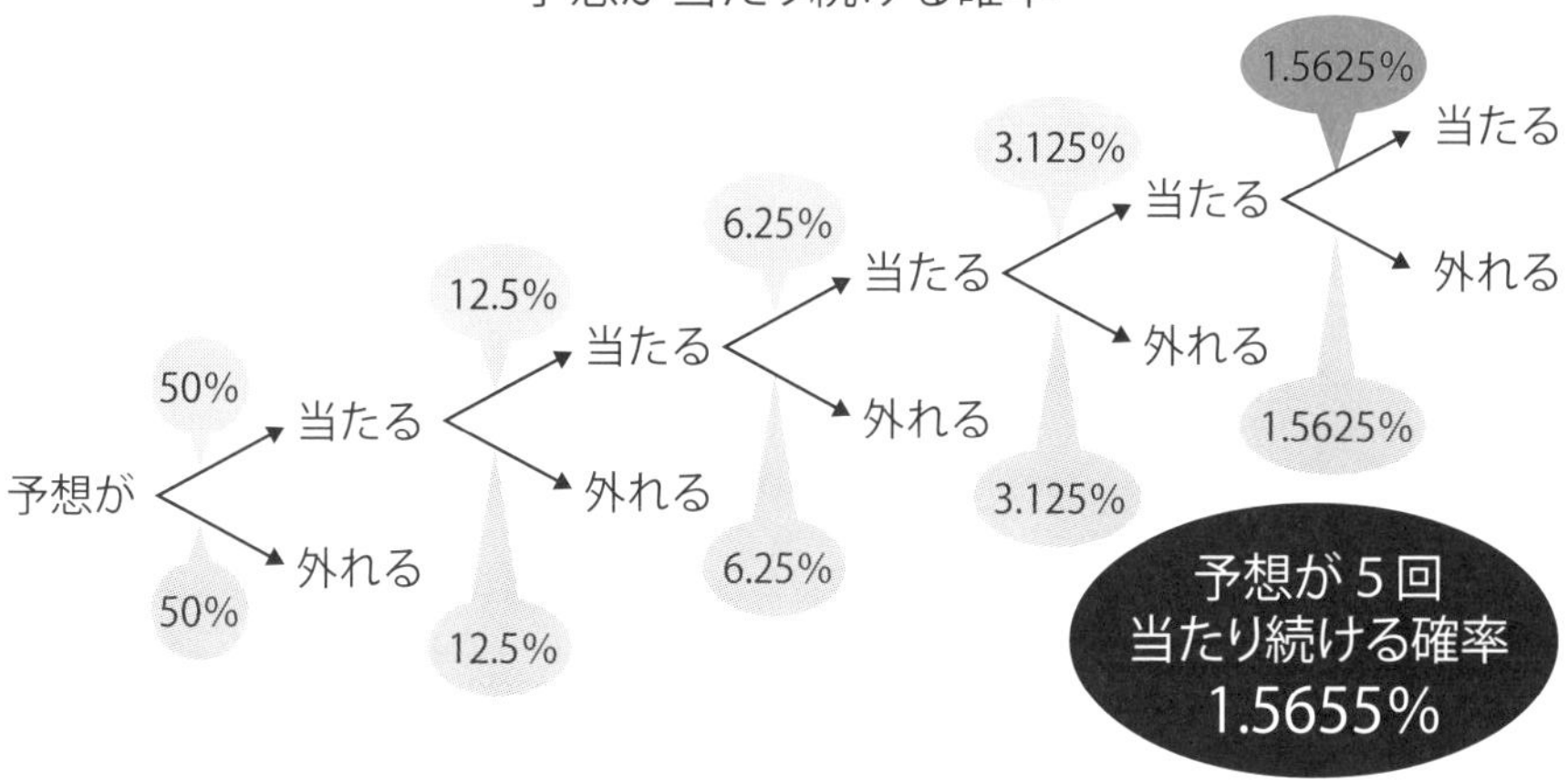

がりするということは稀です。上がったり下がったりを何度も繰り返すのが普通です。よって、ある程度値下がりすれば、「そろそろ上がるだろう」、ある程度値上がりすれば、「そろそろ下がるだろう」と予測を立てることができます。

これが、デイトレードの基本的な考え方です。

ただ、**現実的にその予想が毎回当たるというのは難しい**と言えます。

上の図の通り、たった5回でも、連続で予想が当たる確率は約１・６％です。どこかで予想を外して損をする確率の方が高いことが分かるはずです。だから、やめた方がいいのです。

そもそも、新ＮＩＳＡの成長投資枠は年間２４０万円までです。１回あたり10万円の株式を売買したとすると24回で終了です。今、デイトレードをしている人たちからすると、１日で投資枠を使い切ってしまうレベルです。

グロース投資　　バリュー投資

大きな成長が期待できる企業への投資

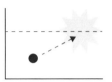

割安な株式を購入し、適正価格になるのを待つ投資

どうしてもデイトレードをしたいという方は、新NISAの利用を諦めて、一般口座や特定口座といった課税口座を利用するしかありません。

長期投資は将来への期待

一方、デイトレードの対極にあるのが長期投資です。

株式投資はハイリスクハイリターンであるがゆえに、どうしても短期的な値下がりを避け、短期的でも儲けたくなってしまうかもしれませんが、そのような欲を捨てることが、株式投資を成功させるコツです。

「短期的に値上がりしそうな株式」を狙うのではなく、「長期的に成長しそうな企業の株式銘柄」を探してみましょう。

「成長」を英訳すると「growth（グロース）」となりますが、成長企業を狙って株式投資することを**「グロース投資」**と呼んでいます。新しい市場を開拓しているような企業、研

PER（株価収益率）	PBR（株価純資産倍率）
株価 ÷ 1株あたり利益率	株価 ÷ 1株あたり純資産
企業の利益（稼ぐ力）に対し、どの程度高い株価で売買されているかを示す	企業の純資産（金持ち具合）に対し、どの程度高い株価で売買されているかを示す
株価 500 円　1株あたり利益 20 円 ↓ 500÷20 円＝ 25 倍	株価 500 円　1株あたり純資産 400 円 ↓ 500÷400 円＝ 1.25 倍

究開発に資金や人材を投入しているような企業には、大きな成長が期待できるかもしれません。

また、中には企業業績や財務状況に比べて低い株価で売買されている銘柄もあります。

このような株式銘柄に投資しておけば、適正価格に値上がりするのをじっと待つだけで、儲けることができるかもしれません。比較的、「価値（value）」が割安なものに投資をするので、これを「**バリュー投資**」と呼んでいます。

なお、現在の株価が割安かどうかを判断する際によく使われるのが、**PER（株価収益率）**や**PBR（株価純資産倍率）**です。同業他社と比べてこれらの数値が低い銘柄は、割安と判断されるのが一般的です。

短期間で企業が成長したり、短期間で適正価格まで値上がることは難しいものの、長期的に待つ余裕があれば、十分に儲けるチャンスがあると言えるでしょう。

10 やってみよう商品選び

チェックするべき項目

じつのところ、78ページで見たように、「各カテゴリーの資産で運用する投資信託を組み合わせて」資産を構成した場合、資産のカテゴリーさえ間違わなければ、「こんなはずじゃなかった」という事態を招くことはほとんどありません。

とはいえ、それぞれの商品を選ぶノウハウが必要なケースもあります。

その時に必要なのは、次の2つのチェックです。

- **ベンチマークは何なのか?**
- **運用姿勢はパッシブ運用（インデックス運用）なのか？　アクティブ運用なのか?**

パッシブ型のチェックポイント

同じカテゴリーで運用する投資信託であっても、**ベンチマークが異なれば、運用の結果が異なってきます**。

たとえば、同じ国内株式の場合、日本を代表する銘柄の値動きを示す「TOPIX（東証株価指数）」をベンチマークとしている商品と、やや規模の小さい銘柄を集めた「JPX日経中小型株指数」をベンチマークとしている商品とでは、当然、その値動きに違いが出ます。

逆に、同じカテゴリーの資産で同じベンチマークを使っているパッシブ運用の商品は、基本的にかなり似た運用実績になりやすいです。

信託報酬率等の違いはありますが、無理にそれ以上細かく比較しないというのもひとつの方法です。

アクティブ型のチェックポイント

一方、アクティブ型の投資信託は、より特徴的な運用を行うこと

交付目論見書（投資信託説明書）とは

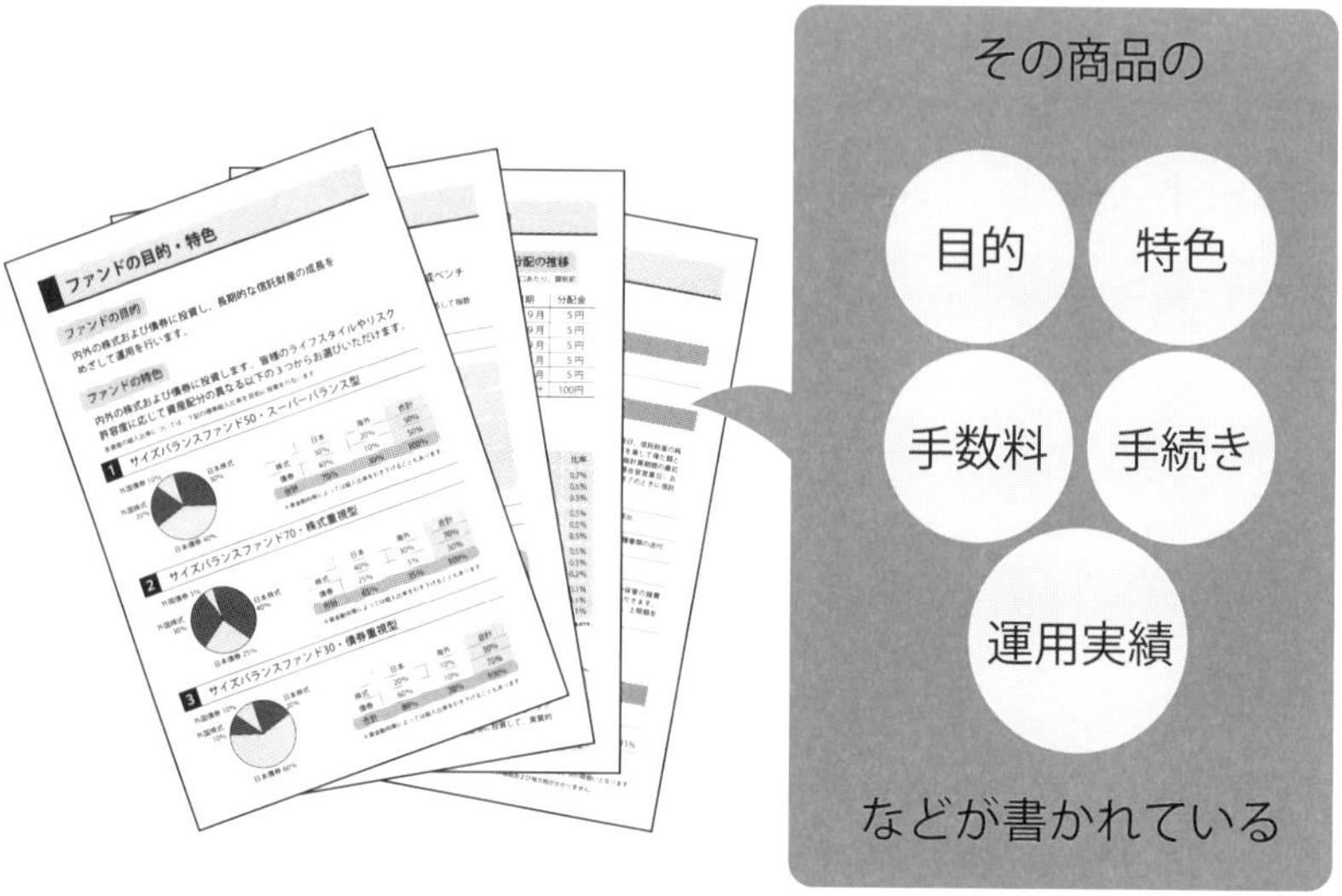

でベンチマークを上回るリターンを狙う商品なので、その**「特徴」を理解することが大切**です。そのため、アクティブ型の投資信託を活用したい人は、必ず「**交付目論見書**（投資信託説明書）」を読み込んでください。

交付目論見書は、投資信託を購入する時、あるいはその前に金融機関から交付されるものです。

パッシブ運用の商品であれば交付目論見書を熟読する必要性は低いのですが、**アクティブ運用の商品であれば必須**です。

金融用語のオンパレードでちょっと難しいように感じるかもしれませんが、3ページ目あたりにその**投資信託の**「**目的・特色**」に関する記載があるので、「ああ、こうやって高いリターンを目指すんだな」というイメージは掴んでおきましょう。

目論見書に出てくる金融用語の説明

ボトムアップアプローチ
企業調査等を行い、有望な個別銘柄を集めて投資を行う

ファンドマネージャー
運用の担当者。何人かのファンドマネージャーがチームを組んで運用することが多い

トップダウンアプローチ
大局的に経済状況を判断し、業種別等の投資割合を先に決め、その中で個別銘柄を判断する

エンゲージメント
日本語で「対話」のこと。上場企業の経営者と対話を重ねて投資判断している商品もある

ファミリーファンド（マザーファンド・ベビーファンド）
複数のベビーファンドとマザーファンドをまとめてファミリーファンドと呼んでいる。私たちが購入している投資信託で多く用いられる運用形態。一般的に、ファンドといえばベビーファンドのことを示す

もし、イメージを掴むとこができない、あるいは納得できないと感じるようなら、他のアクティブ型を探すか、パッシブ型の商品を選んだ方が無難かもしれません。

なお、直近の運用成績の良いアクティブ運用の商品は、人気が高くなる傾向があります。みなさんも、値下がりしているものより、値上がりしているものの方に目が向いてしまうことでしょう。

しかし、**目論見書に記載されている実績はあくまでも過去のもの**なので、運用方針等に共感する部分があれば、あえて実績が下回っている商品を活用する方法も考えられます。

バランス型のチェックポイント

バランス型の投資信託を選ぶ場合は、**株式やREITの割合をチェック**することが第一です。ただし、資産配分が同じ商品であっても、それぞれの資産をパッシブ運用で投資しているものもあれば、アクティブ運用で投資しているものもあります。これにより信託報酬率も異なるので、しっかりと確認しておきましょう。

また、100ページで記した通り、バランス型の投資信託の中には、ターゲットイヤー型やリスク管理型等、その特徴が異なるケースがあります。どのタイプに当てはまるのかを確認しておくことも忘れないようにしましょう。

なお、投資信託を選ぶ際によく参考にされるのが、モーニングスターの**「ファンドオブザイヤー」**、格付投資情報センターの**「R&Iファンド大賞」**といった表彰実績です。もっとも、表彰後の運用実績がイマイチという商品もあるので、これらの表彰も過信せず、参考程度に見ておきましょう。

4章

ジャンプ
金融機関を選ぼう

1 やってみよう金融機関選び

新NISAを利用できる金融機関は1つだけです。1年単位で変更は可能ですが、なにかと手間がかかるなので、金融機関選びは重要です。

①銀行

比較的なじみがあるのは**銀行**かもしれません。ただし、銀行で取り扱っている投資信託の商品ラインナップは、**証券会社に比べるとやや少ない**傾向があるので留意しましょう。

②証券会社

証券会社は、大きく「**対面証券**」と「**ネット証券**」に分けることができます。

窓口で相談しながら商品を選びたい場合は、対面証券を利用するとよいでしょう。ただし、対面証券の場合は、**「つみたて投資枠」で取り扱う商品が少ない**傾向があるので注意が必要です。

一方、ネット系の証券会社は、つみたて投資枠も含めて**商品ラインナップが充実している**傾向があります。とはいえ、すべてのネット系証券会社の商品ラインナップが同じという訳ではないので、銀行や対面証券と同様、事前に確認した上で利用した方がよいでしょう。

③その他

「新NISAで投資をしてみたいけど、自分で決めるのはちょっと怖い、でも相談したら勧誘されそうで怖い……」といった方もいるかもしれません。そのような方は、**独立系のFP**に相談してみるのも一考です。ただ相談料が発生するので、無料で済ませたい方は、FP協会の**「無料相談体験」**を利用してみてください。

また、細かく考えるのが面倒で、「だいたいの形で投資しておいてくれればいいや」という方であれば、「ウェルスナビ」のような**ロボットアドバイザー**を利用することも可能です。

次のページの、あなたに合う金融機関がわかる「金融機関選びチャート」も参考にしてください。

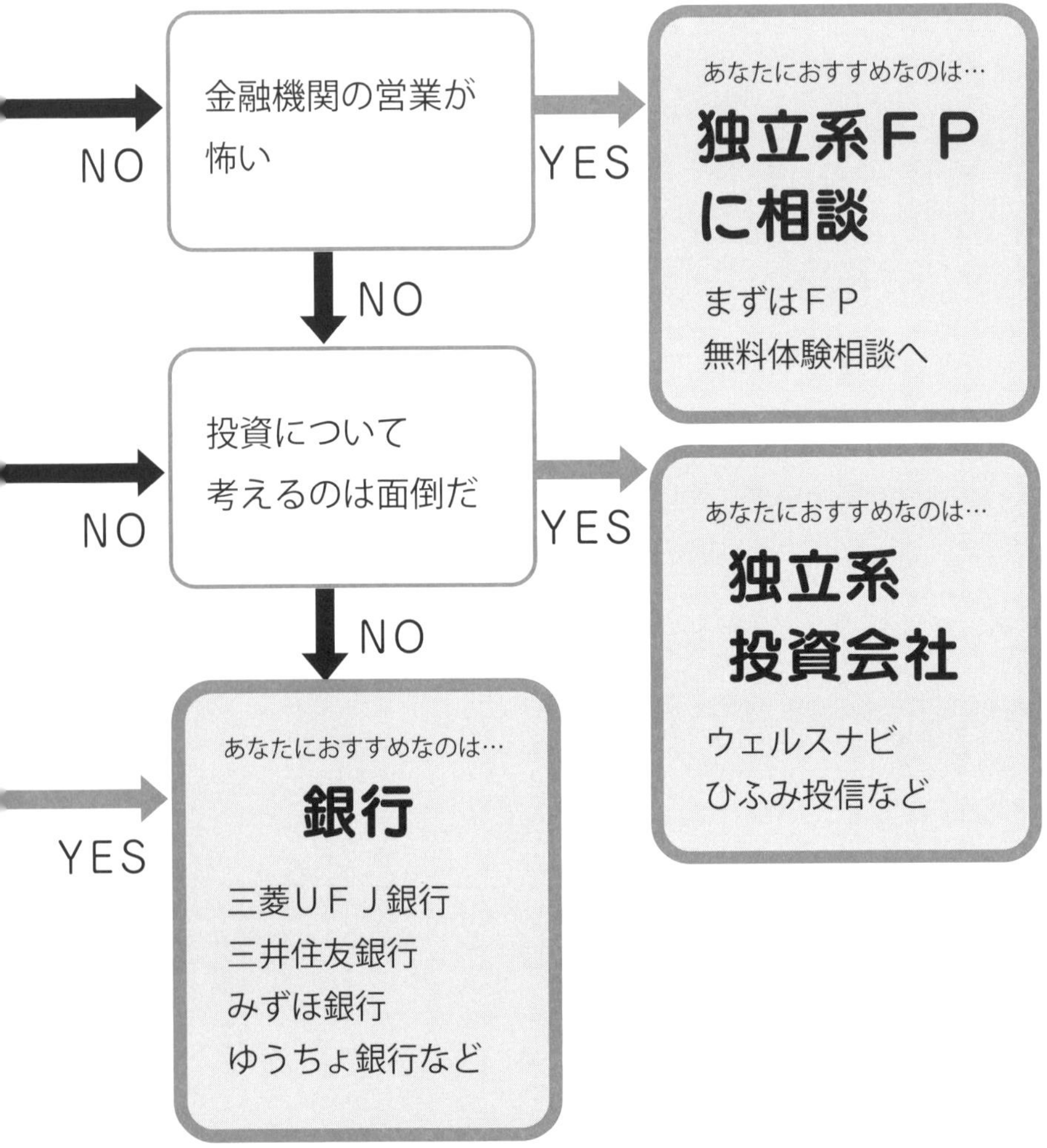
NO
金融機関の営業が
怖い
YES
あなたにおすすめなのは…
独立系ＦＰ
に相談
まずはＦＰ
無料体験相談へ
NO
NO
投資について
考えるのは面倒だ
YES
あなたにおすすめなのは…
独立系
投資会社
ウェルスナビ
ひふみ投信など
NO
YES
あなたにおすすめなのは…
銀行
三菱ＵＦＪ銀行
三井住友銀行
みずほ銀行
ゆうちょ銀行など

金融機関選びチャート

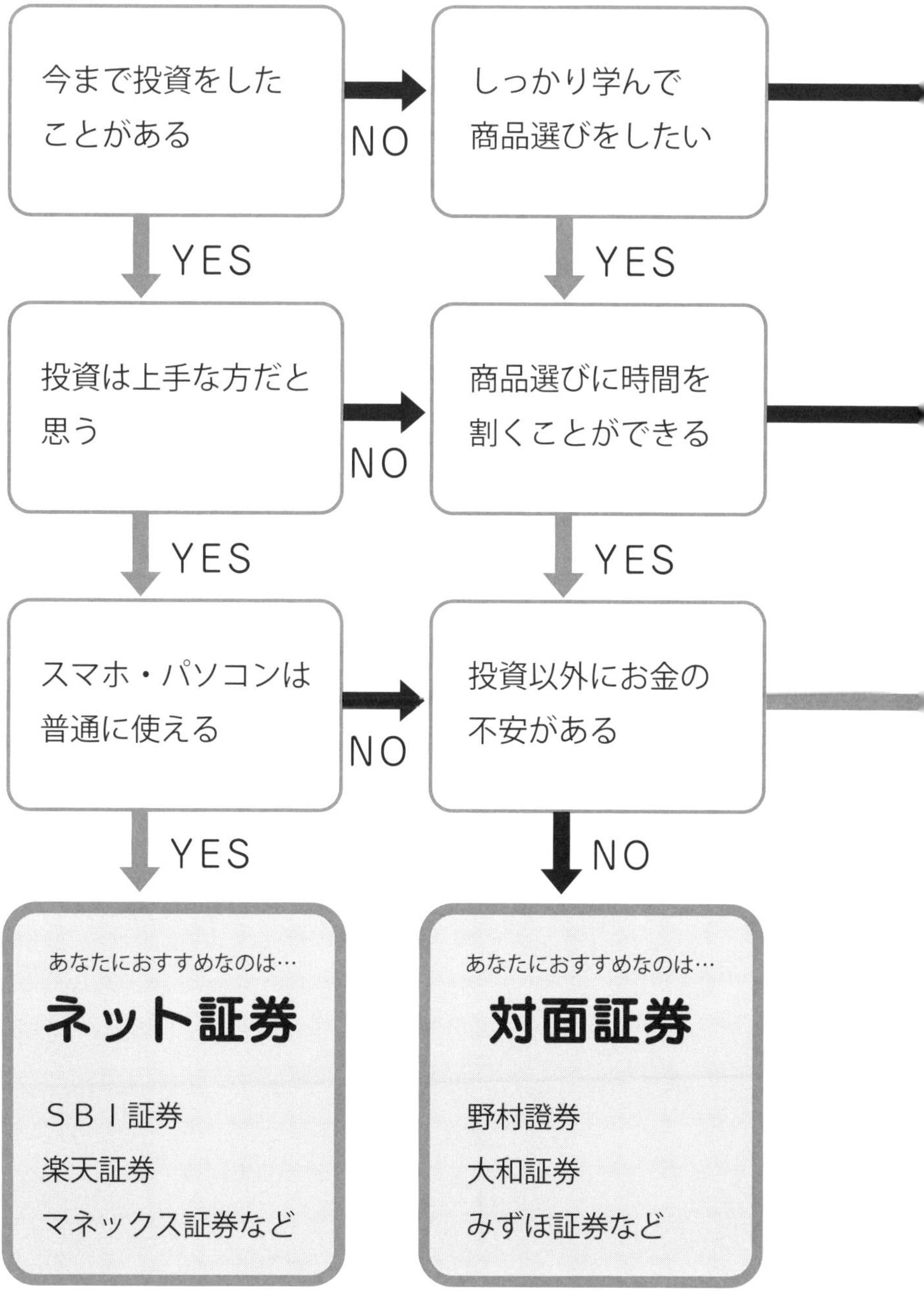
今まで投資をしたことがある
NO
しっかり学んで商品選びをしたい
YES
YES
投資は上手な方だと思う
NO
商品選びに時間を割くことができる
YES
YES
スマホ・パソコンは普通に使える
NO
投資以外にお金の不安がある
YES
NO
あなたにおすすめなのは…
ネット証券
ＳＢＩ証券
楽天証券
マネックス証券など
あなたにおすすめなのは…
対面証券
野村證券
大和証券
みずほ証券など

2
投資用の口座を開設しよう①
ネット証券編

証券口座の開設の手数料は、**基本的に無料**です。また、口座管理・口座維持手数料等の費用も無料となっているところが多くなっています。

とりあえず、1つくらい証券口座を持っていても損はないと言えるでしょう。

証券口座は、ネット系の証券会社はもちろん、野村證券などの従来型の対面証券会社でも、パソコンやスマホで開設可能なところが多いです。しかも、通信機材の他に必要なものは、マイナンバーカード程度です。以前のように、ハンコを押した書類を郵送しなければならないといったこともなく、手続きが完了します。

次のページからの「申込手順」は、ネット証券大手のマネックス証券で証券口座開設を申し込んだケースです。他のどの証券会社でも、入力する内容はおおむね同様です。

※画像は一部を除き2023年12月1日時点のものです。変更になる場合があります。

マネックス証券で証券口座解説を申し込む

①トップページにある 「無料口座開設はこちら」をクリックする

②「オンライン口座申込みフォームへ」をクリック

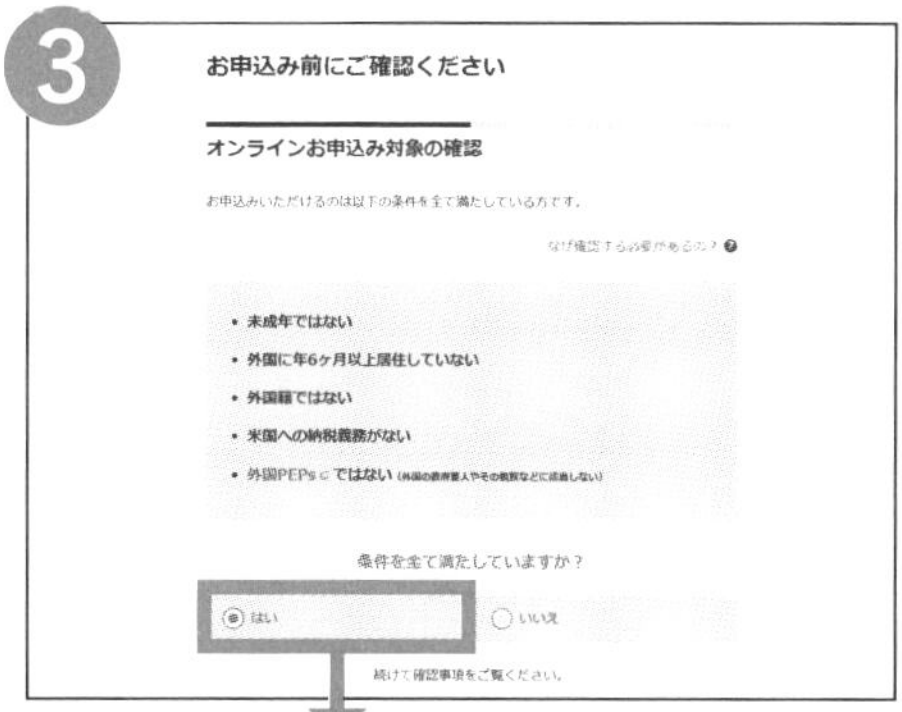

③オンライン申込み対象の条件

・未成年ではない
・外国に年6ヵ月以上居住していない
・外国籍ではない
・米国への納税義務がない
・外国PEPs（外国の政府要人やその親族など）ではない

を満たしていれば『はい』を選択

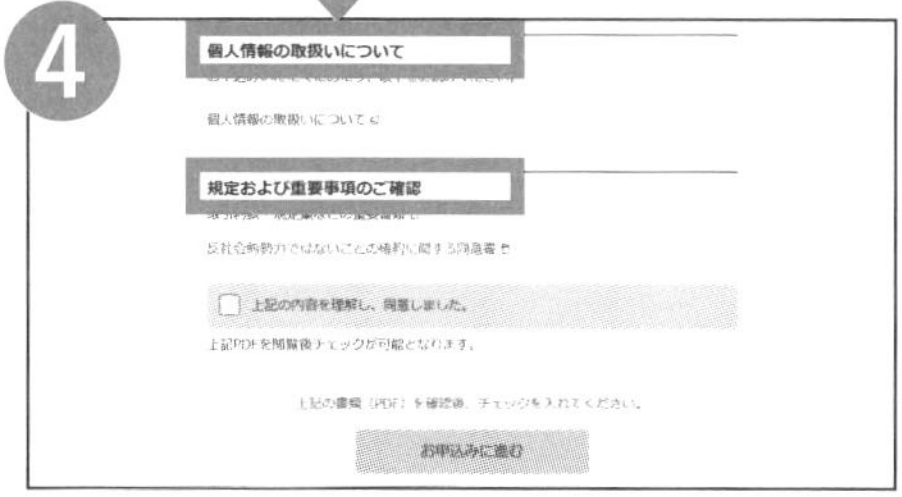

④『はい』を選択すると、「個人情報の取扱いについて「規定および重要事項のご確認」が出現する

⑤以下３つのPDFを確認

・個人情報のお取扱いについて
・取引約款・規定集などの重要書類
・反社会的勢力ではないことの確約に関する同意書

↓

「同意しました。」にチェック

↓

「お申し込みに進む」をクリック

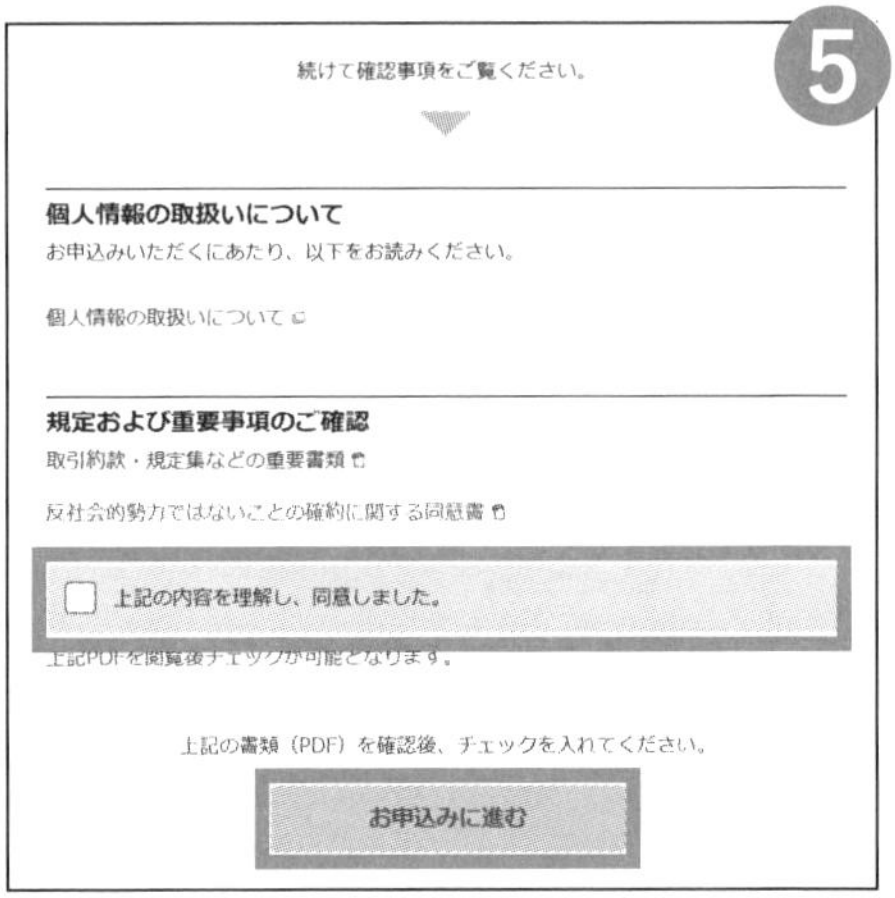

⑥メールアドレスを入力して「メールを送信」をクリック

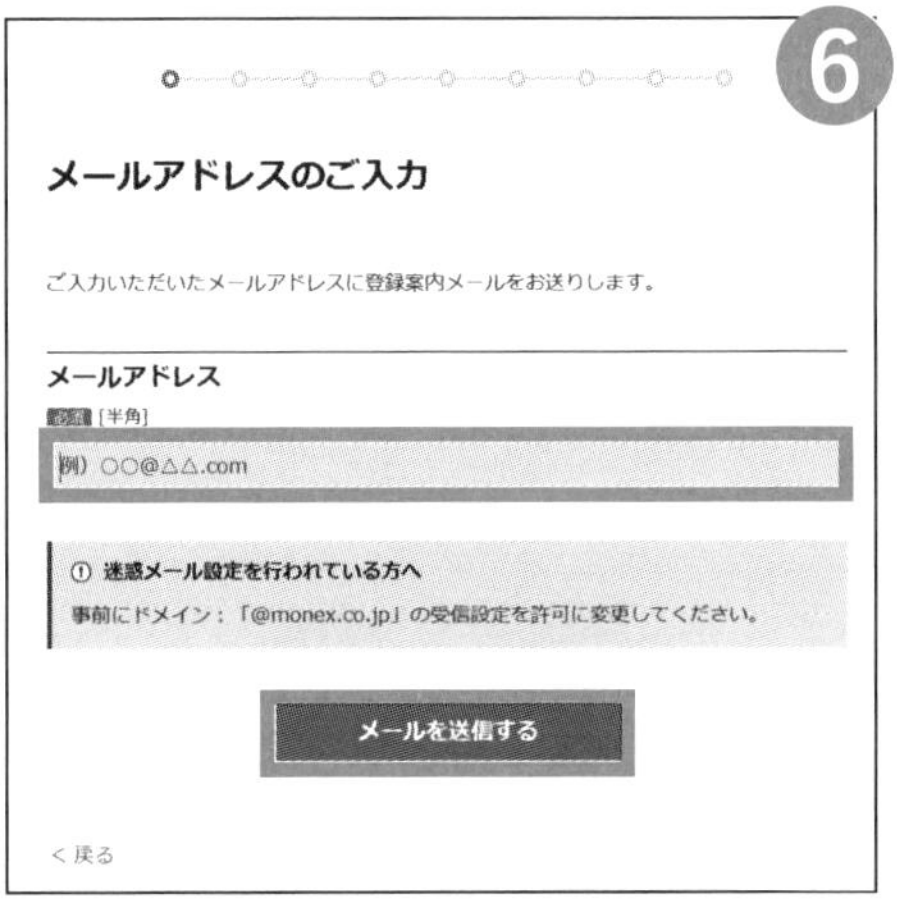

⑦メールが届いたら、メール画面にあるアドレスをクリック

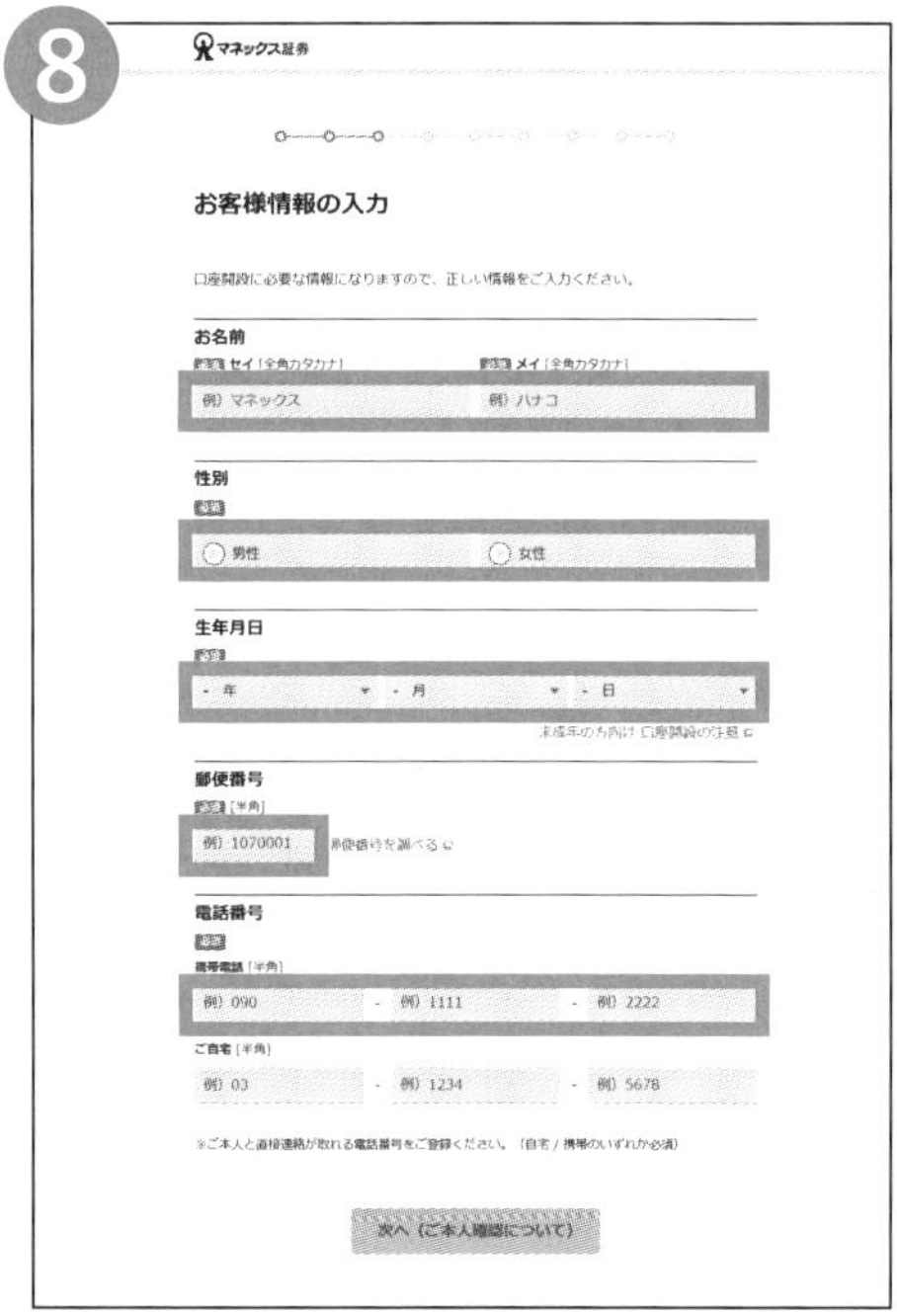

⑧以下の情報を入力
・名前
・性別
・生年月日
・郵便番号
・電話番号

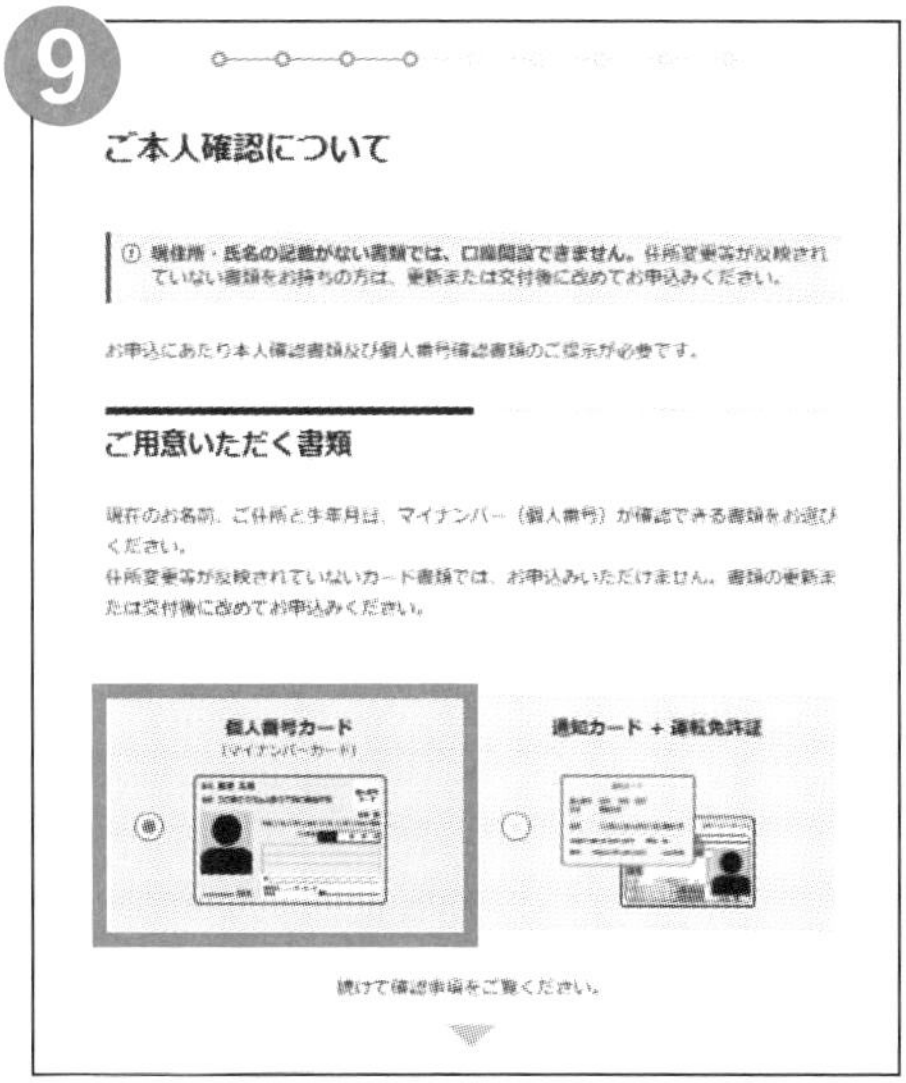

⑨本人確認
マイナンバーカードがある場合はスマホでマイナンバーカードと自分の顔を撮影
↓
入力済みの情報と照会

マイナンバーカードを持っていない場合は、マイナンバー通知カードや本人確認書類を用意する必要があるので、若干手間が増えます。

⑩取引口座の登録
この口座にお金を振り込む際に利用する、マネックス証券名義の口座が用意される

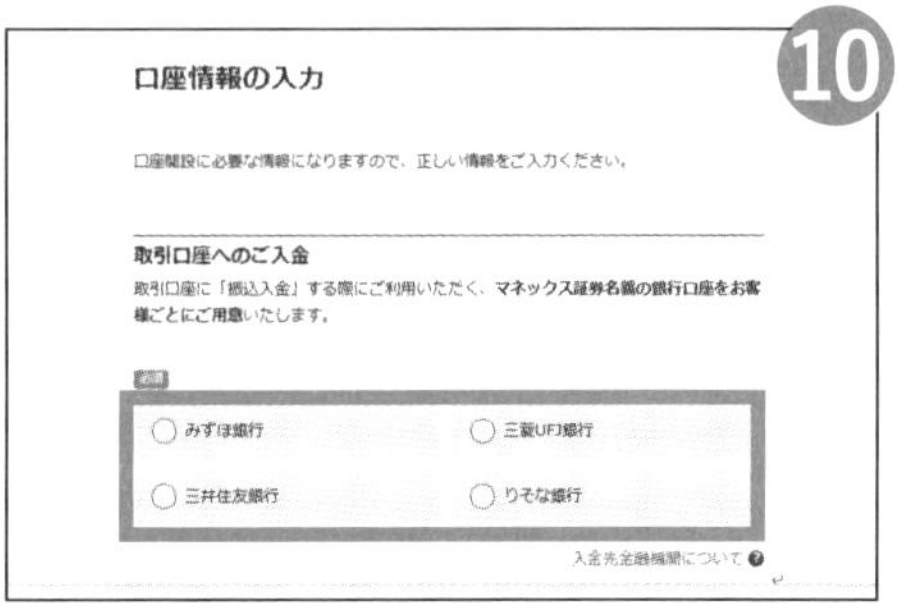

⑪特定口座の開設
顧客の売買損益を計算し「年間取引報告書」を交付する口座
次の３つから選ぶ
・源泉徴収あり・配当金受入あり
・源泉徴収あり・配当金受入なし
・源泉徴収なし

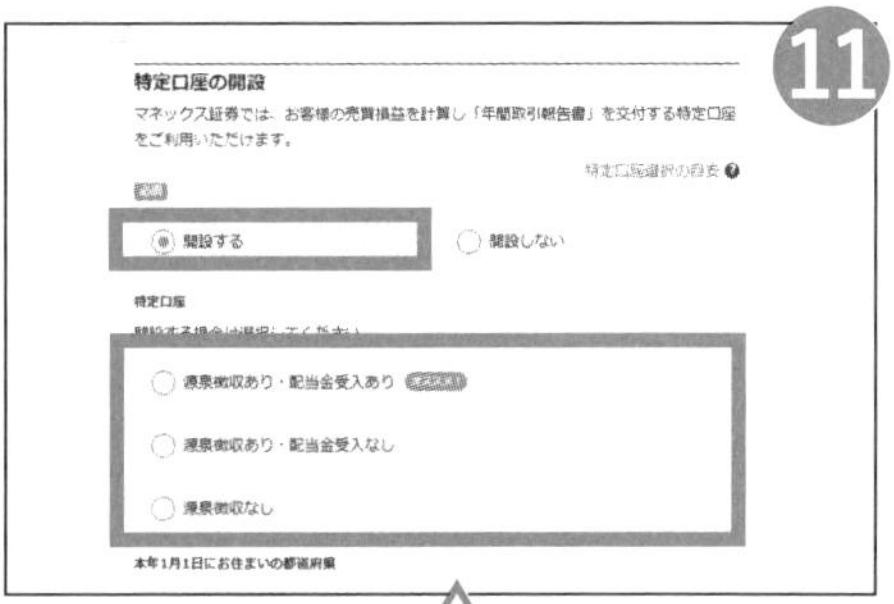

初めての登録の際に困るのが、この「特定口座の開設」です。
新ＮＩＳＡの投資枠以上の投資を考えていない人であれば、３つの選択肢のうちどれを選んでも構いませんが、初めて証券口座を開設するのなら、「源泉徴収あり・配当金受入あり」を選択するのが無難です。

⑫ＮＩＳＡ口座の開設は必ず申し込もう

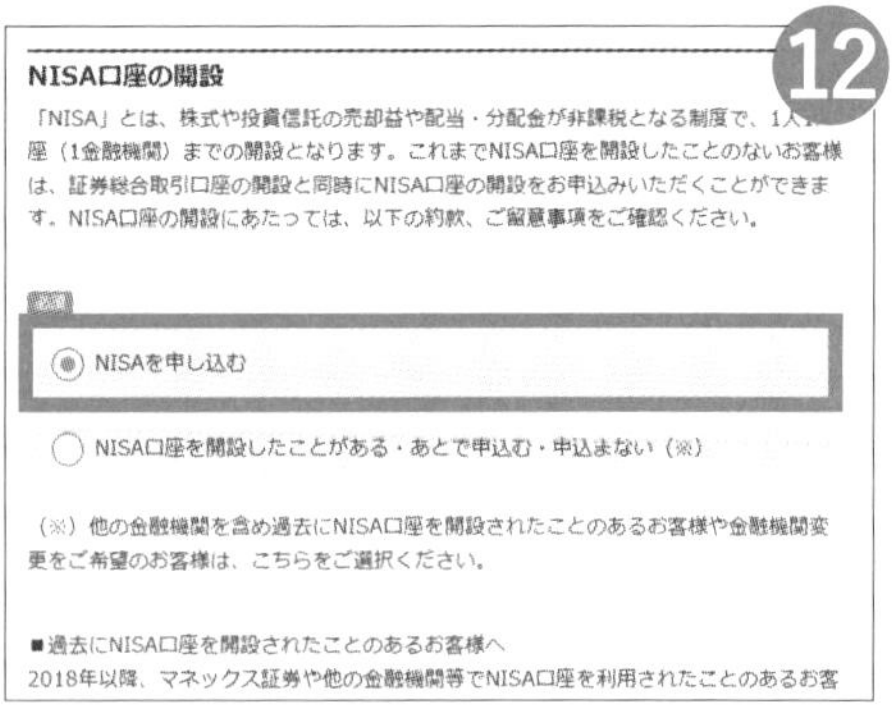

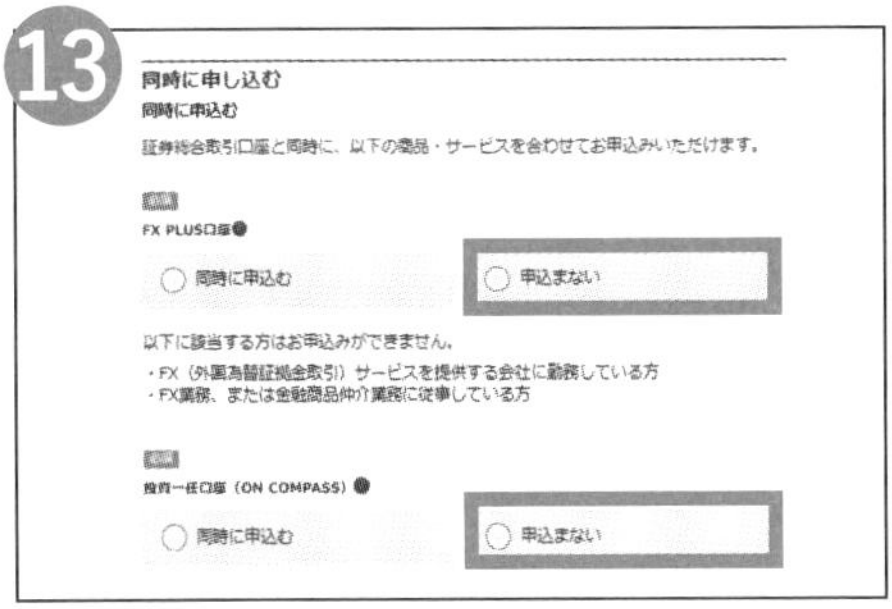

⑬その他の口座
FX PLUS口座と、投資一任口座（ON COMPASS）は、投資に慣れてから申し込んでもOK

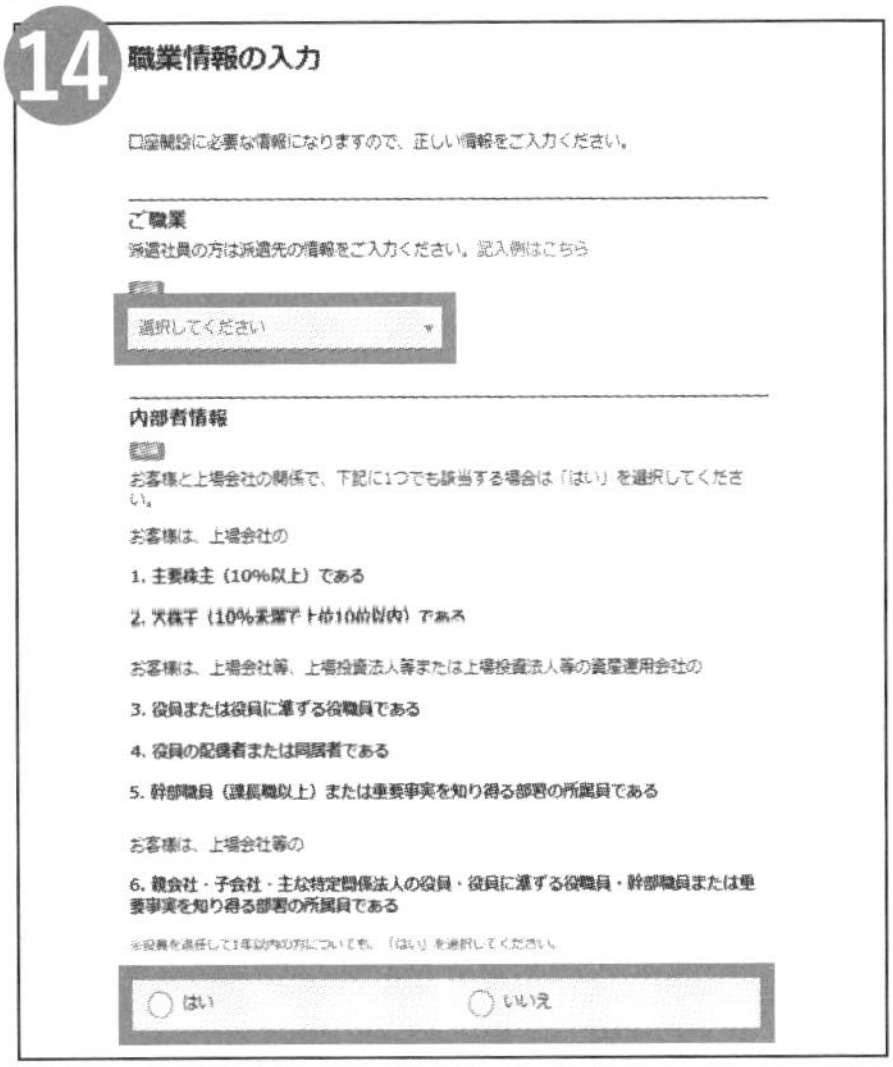

⑭職業情報・内部者情報の入力

「内部者情報」とは…

株価の変動に関する情報を容易に入手できる役員・従業員や関係者のことです。日本証券業協会規則に基づき、内部者はその情報を登録する必要があります。

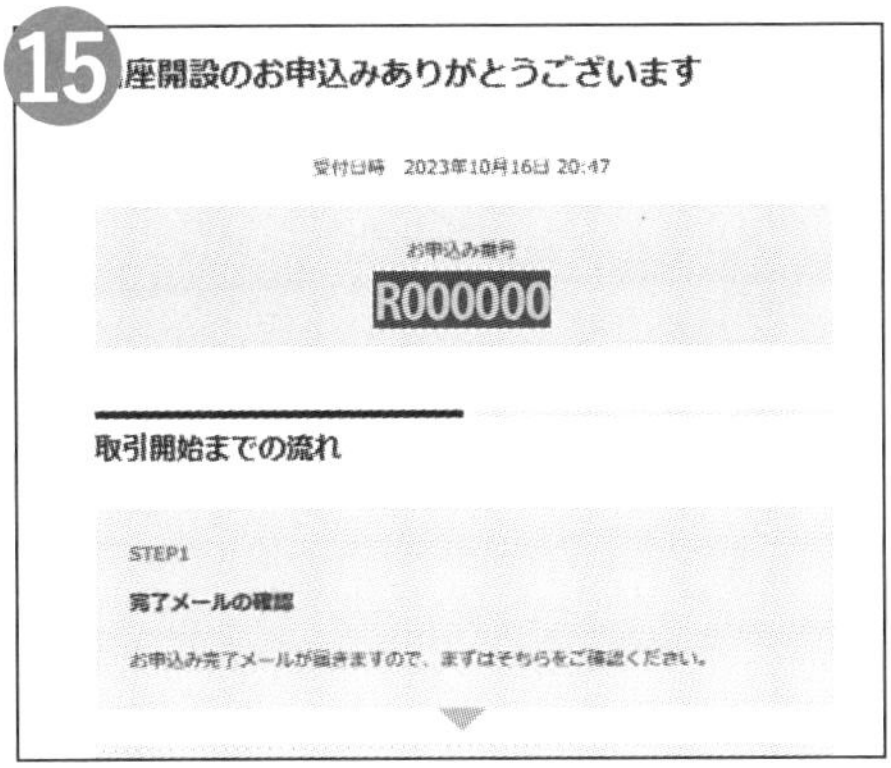

⑮内容を確認して「申し込みを完了する」をクリック
↓
最短で申込みの翌営業日に開設完了

3

投資用の口座を開設しよう②

銀行窓口編

銀行でも、ネットを利用して投資用の口座を開設することが可能です。おおむねネット証券の場合と同様のお手軽さで、投資を始めることができるはずです。

銀行で投資を行うメリットは、**身近であること**、そして**気軽にアドバイスを求めやすい**点にあるので、積極的に店舗の利用を検討してみましょう。

とはいえ、せっかく店舗へ赴いたのに、「今日は手続きできません」、「書類が足りません」と追い返されてしまっては時間の無駄です。あらかじめ、必要な準備をしてから店舗へ向かいましょう。

準備①予約をする

コロナ禍以来、銀行の店舗の多くが予約対応になっています。当日の来店でも対応してもらえるケースもありますが、一般的な入出金の手続き等を行う窓口と、投資の手続き（主に投資信託

準備①予約をする

窓口受付時間の例

［りそな銀行］
（セブンデイズプラザ）
平日昼間だけではなく、
平日夜間・土日祝日も相談
対応していることが特徴

［みずほ銀行］
47都道府県に支店がある

２～３週間先まで
予約が詰まっている
店舗もあるので
早めに予約しよう

どんな相談かを
選んで予約する
ＮＩＳＡ関連
口座開設
資産運用
相続など

web予約・電話予約

の取引）を扱う窓口は異なるのが一般的です。投資の手続きの担当者は営業で外出して不在なこともあるので、**必ず予約してから来店しましょう。**予約は、銀行のホームページからか、各支店に電話して申し込みます。

基本的には、自宅近くまたは勤務先近くの支店にて口座開設を行うことになるでしょうが、あまり縁のない地域の支店の場合は、口座開設が難しくなるケースも想定されます。**「なぜ、その支店での口座開設を希望しているのか？」**を回答できるようにしておくことが必要です。

昨今は、特殊詐欺やマネーロンダリング等の問題があるため、口座開設の目的がはっきりしないと、銀行側も対応に困るからです。主な目的は「資産形成」になるでしょうが、「支店の近所へ習い事に通っているので便利だから」等の理由も考えておきましょう。

個人情報確認書類とは…

住所・氏名・生年月日・性別・顔写真
が記載されたもの

マイナンバーカード以外では…

パスポート	福祉手帳
運転免許証	在留カード
健康保険証	特別永住者証明書
年金手帳	など

準備②印鑑・個人情報確認書類

店舗に行く際には、**印鑑と個人情報確認書類**を持参しましょう。

ネット証券の場合と同様、マイナンバーカードがあると、用意するものが少なくて済みます。マイナンバーカードがない場合は、その他の個人情報確認書類が複数必要となるので、予約の際に代用できる個人情報確認書類について問い合わせておきましょう。

なお、すでに自分名義の普通預金口座がある銀行であれば、通帳やキャッシュカード、届出印を持っていくと手続きがスムーズになるはずです。

また、細かい話になりますが、銀行へ向かう前に**支店の住所の確認を**しっかりと行ってください。昨今は、近隣の支店を統合することが多々あり、支店名が「〇〇支店」と表記されていても、実際には「××駅」の近くに存在するケースもあるからです。

時間に余裕を持って出発
手続きにはそれなりに時間がかかる
口座開設完了

準備③手続き時間の確保

店舗で投資用の口座を開設するには、ある程度の時間を要します。とくに、それまでに縁のなかった銀行で、普通預金口座から開設することになるのなら、なおさらです。

予約の際に「どのくらいの時間がかかりますか?」と確認し、手続き後のスケジュールに余裕を持たせておくとよいでしょう。

来店後の投資の相談の注意点

せっかく店舗まで足を運んだのであれば、新NISAで投資できる商品について、相談してみると良いでしょう。ただ、案内されるがままに投資を決断するのは禁物です。**再来店の予約**をして、検討してから購入を決めましょう。店舗へ向かう前に、ホームページで取扱商品を確認しておくのも良いです。ただし、中にはネット取引限定で、店舗では扱っていない商品もあるので注意が必要です。

4 投資信託の買い方

ネット証券で口座開設の申し込みを行なうと、早ければ1日で口座開設完了のメールが届きます。いよいよ、みなさんも投資のスタートラインに立ったというところでしょうか。

ただそうなると、「ちょっと入力を間違っただけで、財産の一部を失ってしまうのでは？」という不安にかられるかもしれません。ネットに慣れている人でも、ある程度、どのような作業があるのかを知っておいた方が良いでしょう。

そこで、先ほどのマネックス証券を例に、シミュレーションをしてみましょう。

144ページ⑥までの作業が終わると、本格的にサイトを利用できるようになりますが、⑦の取引トップ画面で**「残りのNISA枠」**が表示されていない場合は注意してください。この枠が表示されていないと、新NISAの手続きが完了していない可能性があります。念のため、コールセンターに確認しておきましょう。

マネックス証券で投資信託を買う

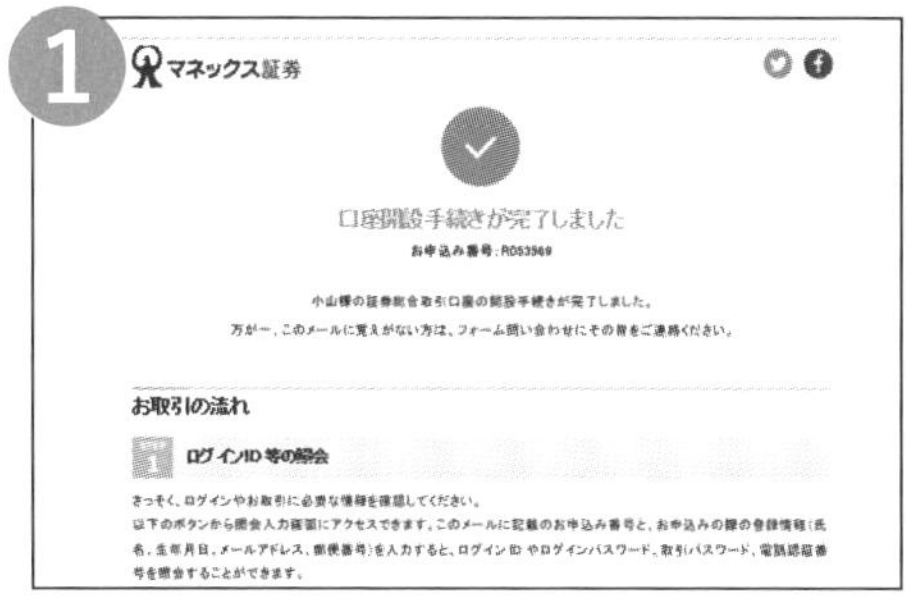

①口座開設完了メールが届いたら、「ログインID等を照会」をクリックしてID等を確認する

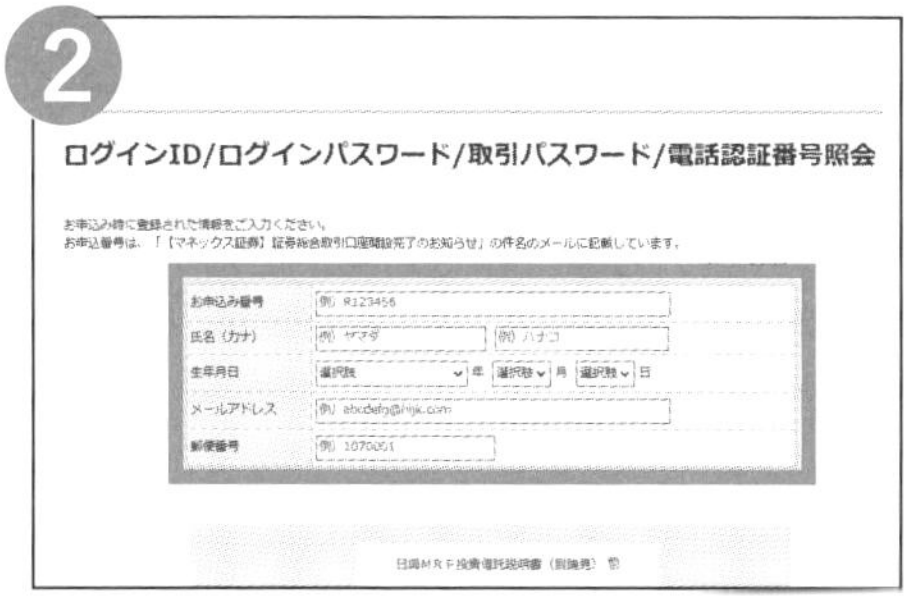

②以下を入力する

・申込み番号
・氏名
・生年月日
・メールアドレス
・郵便番号

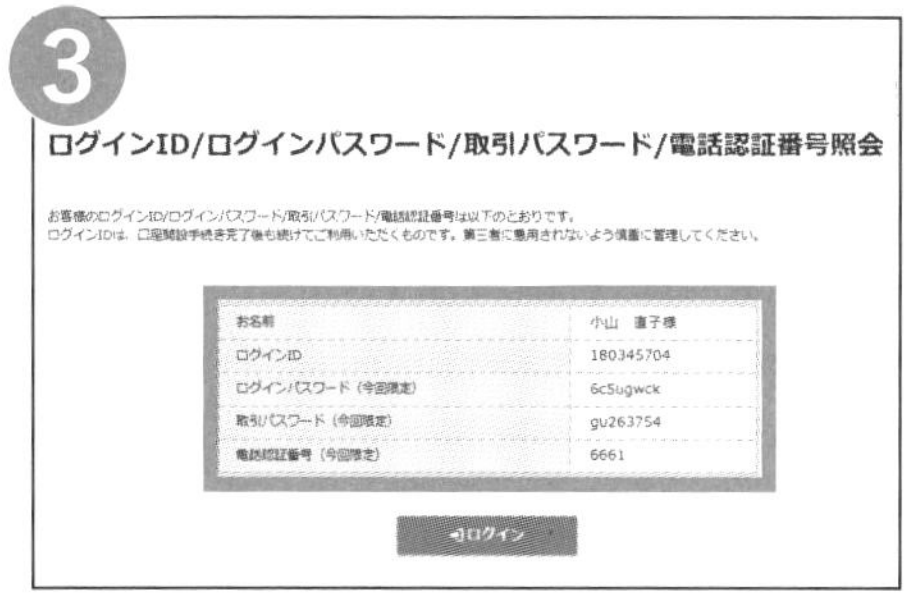

③以下を入力してログインする

・名前
・ログインID
・ログインパスワード(今回限定)
・取引パスワード(今回限定)
・電話認証番号(今回限定)

※「今回限定」の項目は、自分で設定し直す

これらの情報は重要なので、忘れずに記録しましょう。

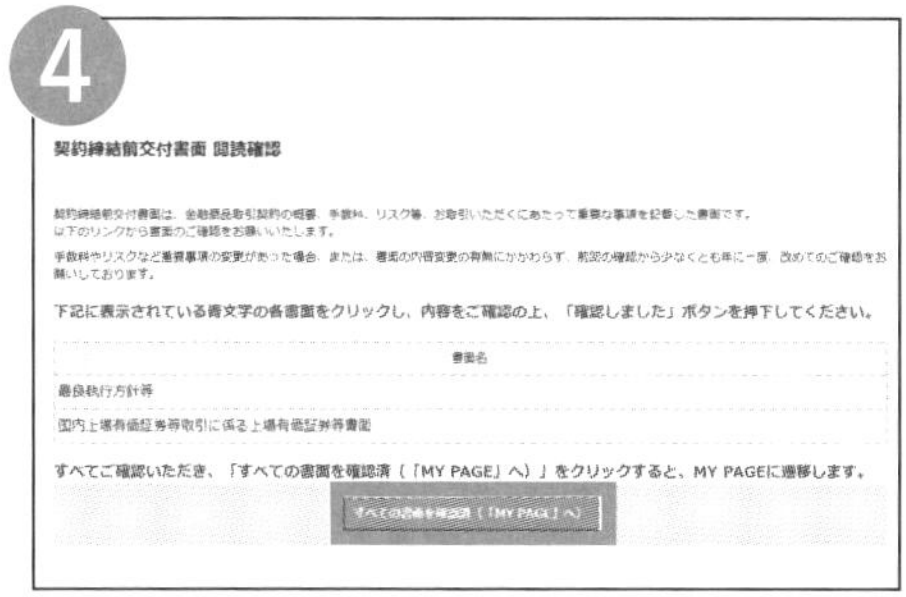

④以下の書面を確認する

・最良執行方針等
・国内上場有価証券等取引に係る上場有価証券等書面

⑤「外国株取引口座開設に伴うご留意事項について」
米国株・中国株の、日本株とは異なるルールや為替リスクをそれぞれ確認する

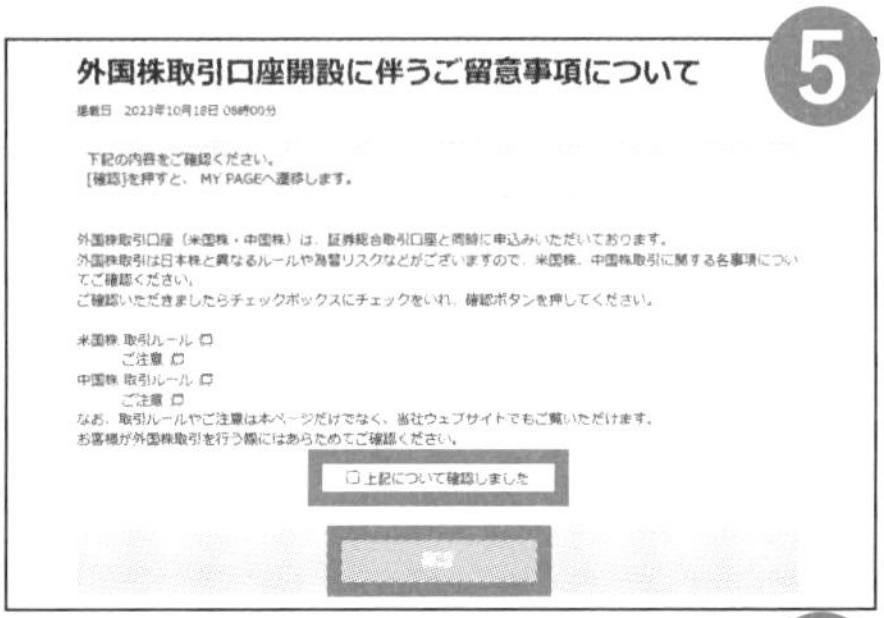

⑥その他の口座開設
パスワードの再設定後、ＦＸ等の口座の開設確認が表示されますが、初心者の方は無視して次に進みましょう

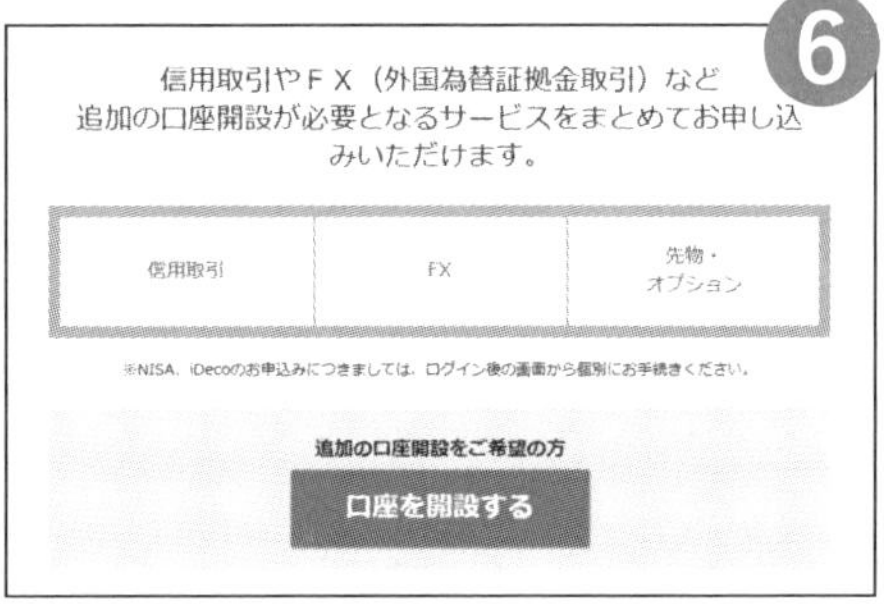

⑦取引トップ画面が表示される

「残りのＮＩＳＡ枠」が表示されていない場合は要注意。

⑧入金
「入出金」タブの「入金指示」をクリックして、入金の手続きに進む

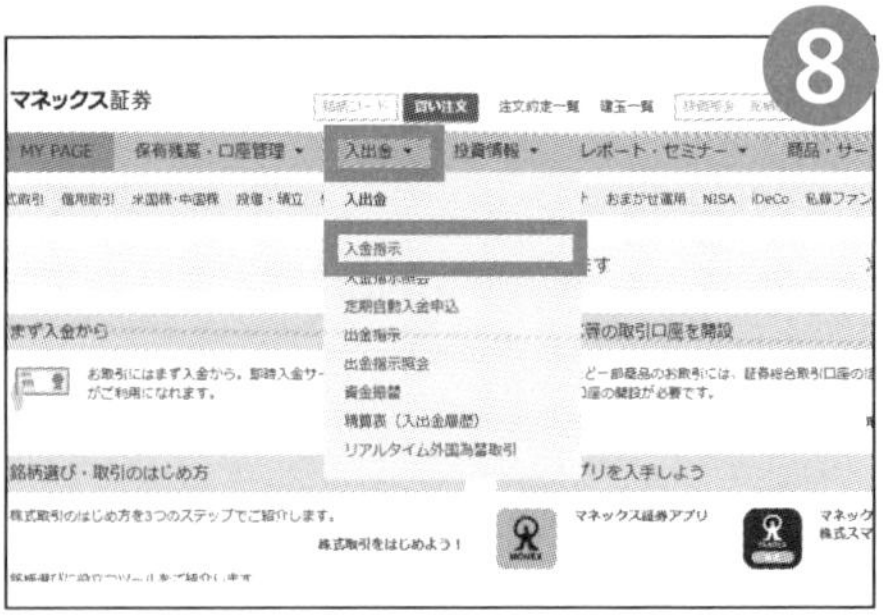

⑨希望の金融機関を選択する

最初は振替の手続きに時間がかかるので、入金の手続きは早めに済ませておきましょう。

⑩商品名等で投資信託商品を検索してみる

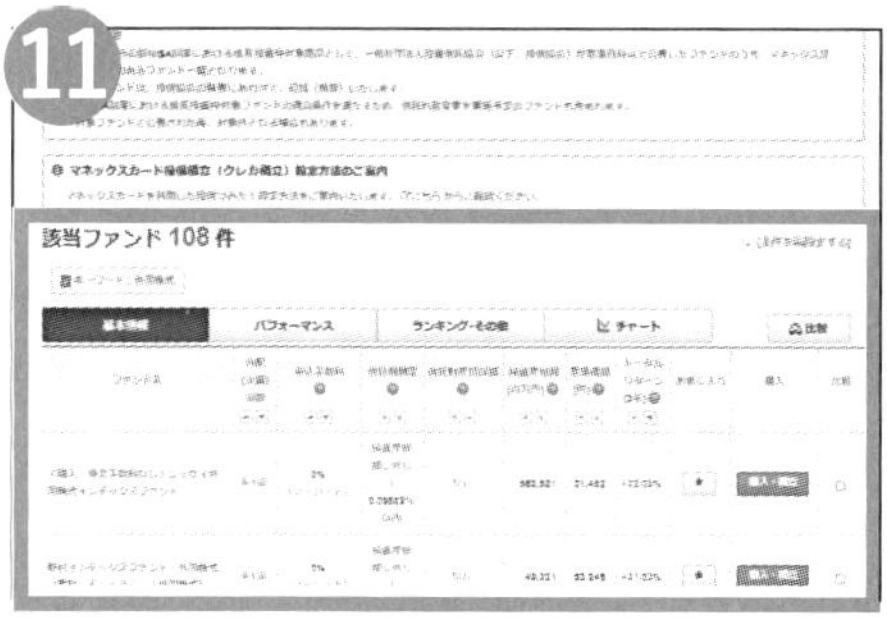

⑪該当する商品の候補が表示される

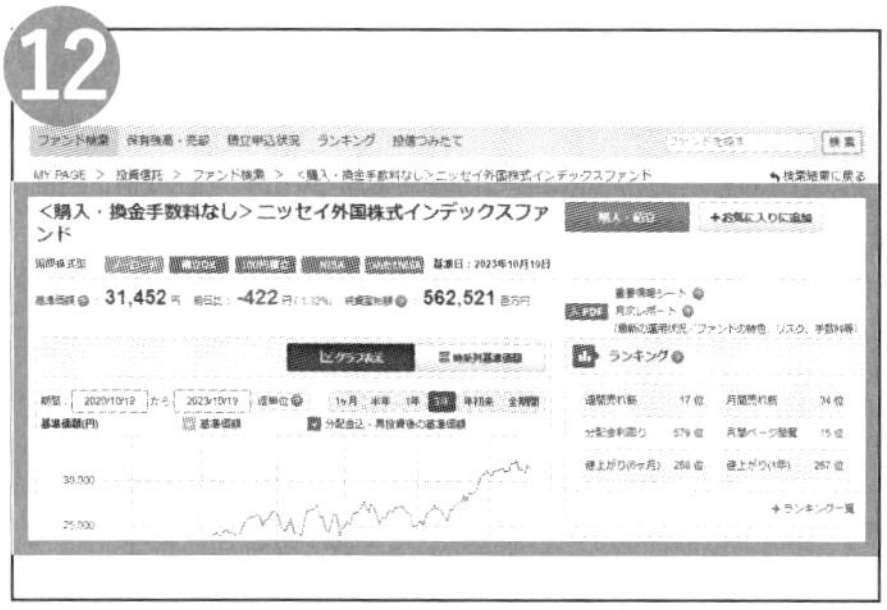

⑫商品名をクリックすると、詳細情報を確認できる

⑬「購入･積立」をクリックすると、手数料等が表示される

ここからがいよいよ、投資信託の購入です。

⑭注文のコースを選ぶと、「未閲覧書面一覧」が表示される

⑮目論見書を確認すると、注文できるようになる

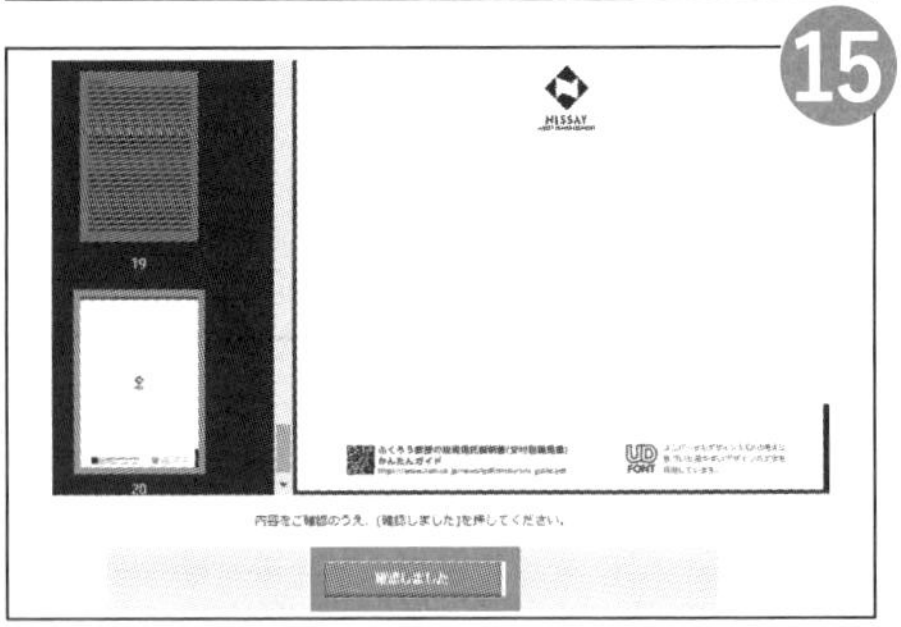

⑯注文画面で投資する金額等を入力する

ここで忘れてはいけないのが、口座区分にて「NＩSA」※を選ぶことです。「特定」や「一般」を選択している状態では、課税口座での投資になってしまうので、注意しましょう。

※旧NＩSAの例です。新NＩSAでは選択方法が若干異なります。

⑰入力内容を確認して「実行する」をクリックして完了
↓
購入完了！

5 株式の買い方

新NISAで、個別銘柄（現物株式）に投資したいという方もいるでしょう。
せっかくなので、個別銘柄の株式を購入する場合の手続きについても確認してみましょう。

個別銘柄の購入と、投資信託の購入との大きな違いは、「時間」です。
投資信託の購入に関しては、1分や2分遅れた程度で、基準価額が変わったりしません。しかし、個別銘柄の株式は、**あっという間に値段が変わります。**操作にもたついている間に、一気に上昇することさえあります。

自分が考えた条件に少しでも近い価格で取引したいのであれば、素早い操作が必要です。

マネックス証券で株式を買う

①メニューバーの「株式取引」をクリック

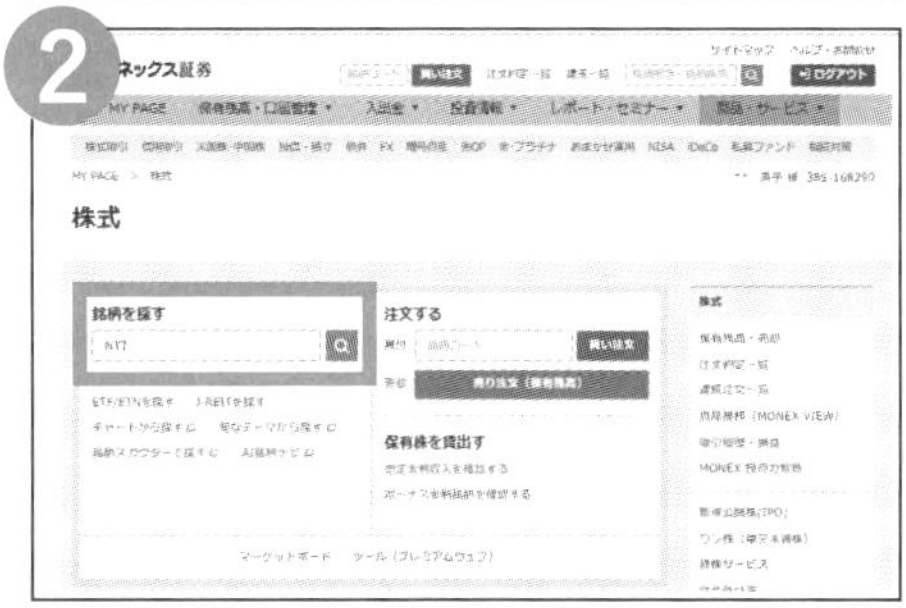

②投資したい検索を検索「銘柄コード」が分からない場合は、「銘柄を探す」から検索できる

③該当する銘柄の候補が表示される

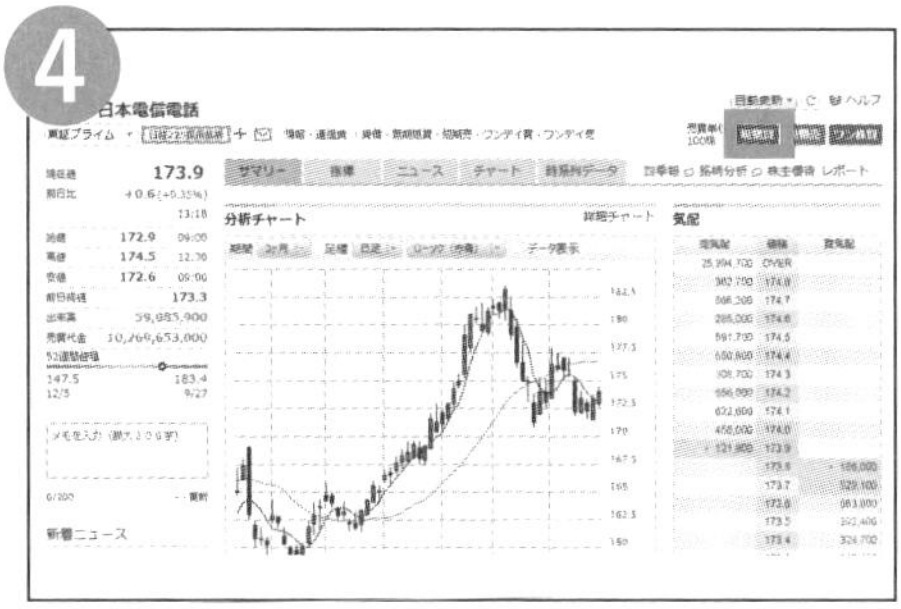

④商品名をクリックすると、詳細情報を確認できる

表示されるデータが気になりますが、個別銘柄の取引は時間との闘いなので、ここでは気にせず「現物買」をクリックします。

⑤「現物買」をクリックすると注文画面に移るので、それぞれ入力する

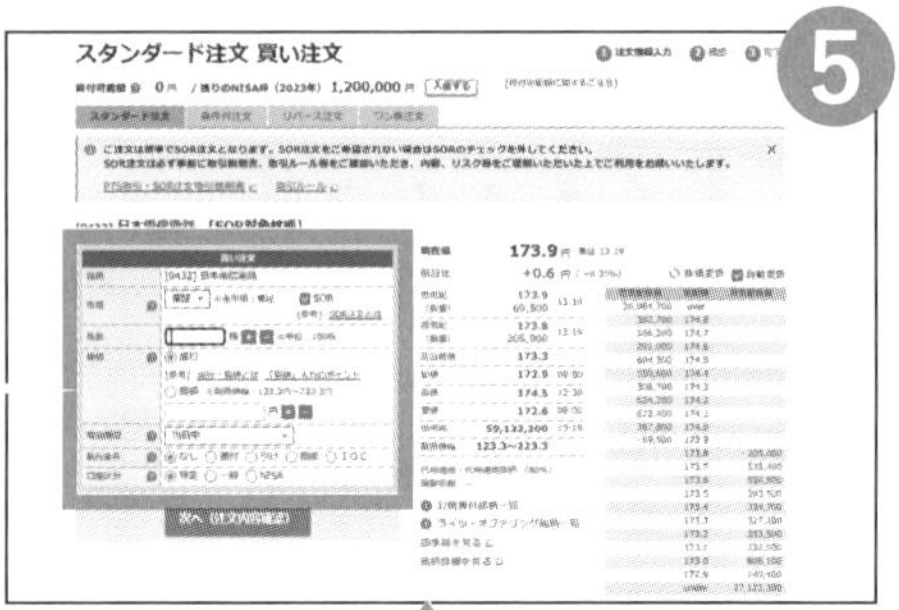

この画面でも、右側に「売気配株数」や「買気配株数」等の表示がされています。
これらは、「板」、または「板情報」「株板」と呼ばれています。
「〇〇円で売りたい」「××円で買いたい」と言われている株数が、どの程度あるのかが表示されています。
取引時間中は、刻々と株価が変化します。板情報の様子を見ながら、株式の購入に関する情報を入力して、「次へ」をクリックします。

⑥内容を確認して、取引パスワードを入力して「実行する」をクリックすれば、手続き完了

⑤で表示される画面の拡大

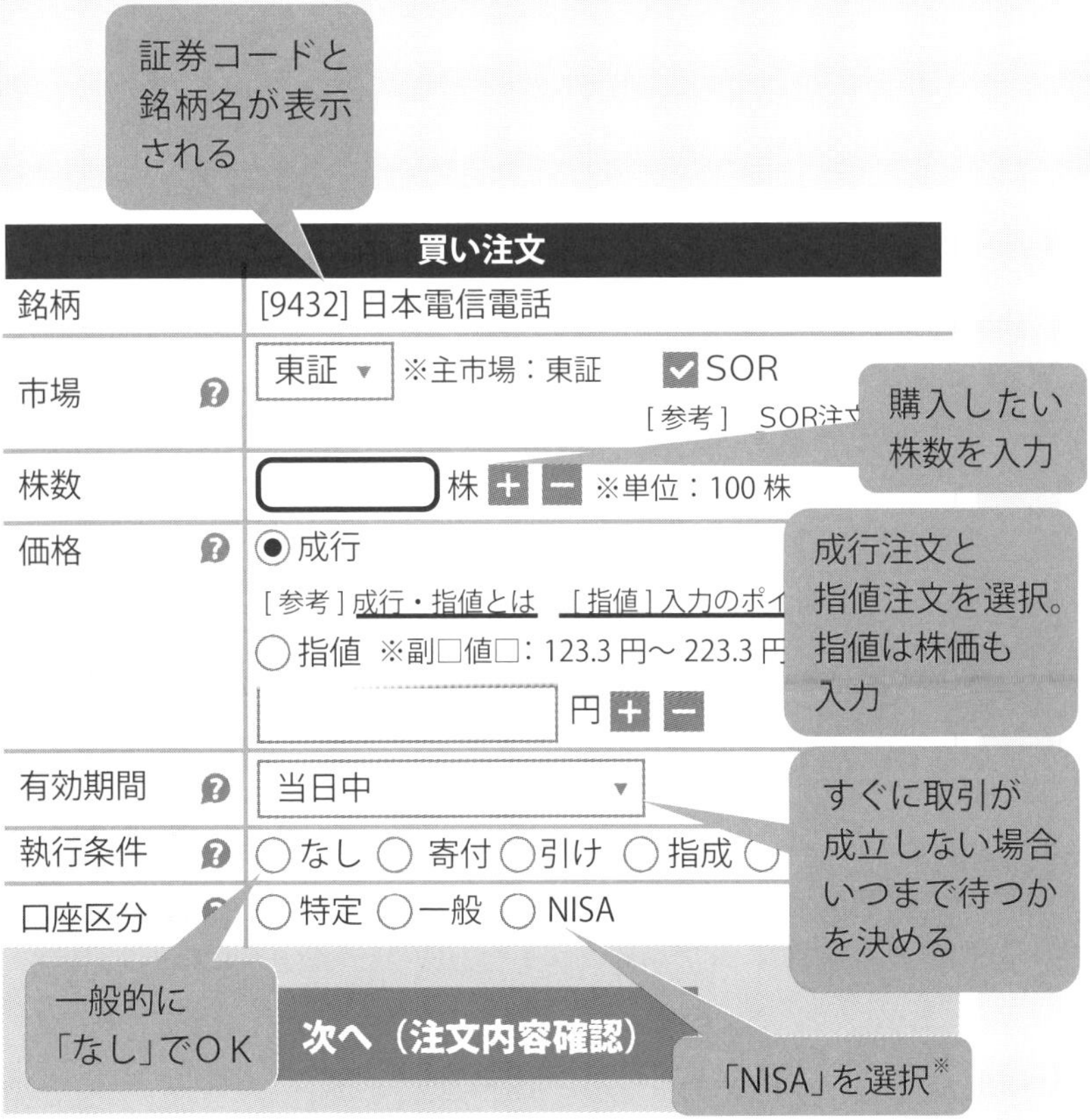

指値：売買する**株価を指定**する取引。指定した価格より高く買ったり、安く売るようなことはない。

成行：その時点における**もっとも有利な株価**で売買する取引。タイミングによっては、想定外に高く（安く）取引されるケースもある。

※旧NISAの例です。新NISAでは選択方法が若干異なります。

5章

損をせずに続けていくための心得

1

購入後のメンテナンス①

運用状況のチェック

月に1回は運用状況を確認しよう

「**塩漬け**」という言葉をご存じでしょうか？　食べ物の漬物が、投資の専門用語として使われています。「塩漬けされた野菜のように、ほったらかしにされた資産」という意味です。

漬物をかき混ぜることなく放置していれば腐るように、投資で購入した商品をほったらかしにしてうまくいくはずがありません。よって、みなさんが賢く投資するためには、「**メンテナンス**」をしっかり行うことが必要なのです。

新NISAで投資信託を購入したら、**少なくとも月に1回は運用状況を確認しましょう**。スマホ等を使って、空いた時間にちょっと見るだけでいいです。「その後どうなったか分からない」という状態には陥らないようにしてください。

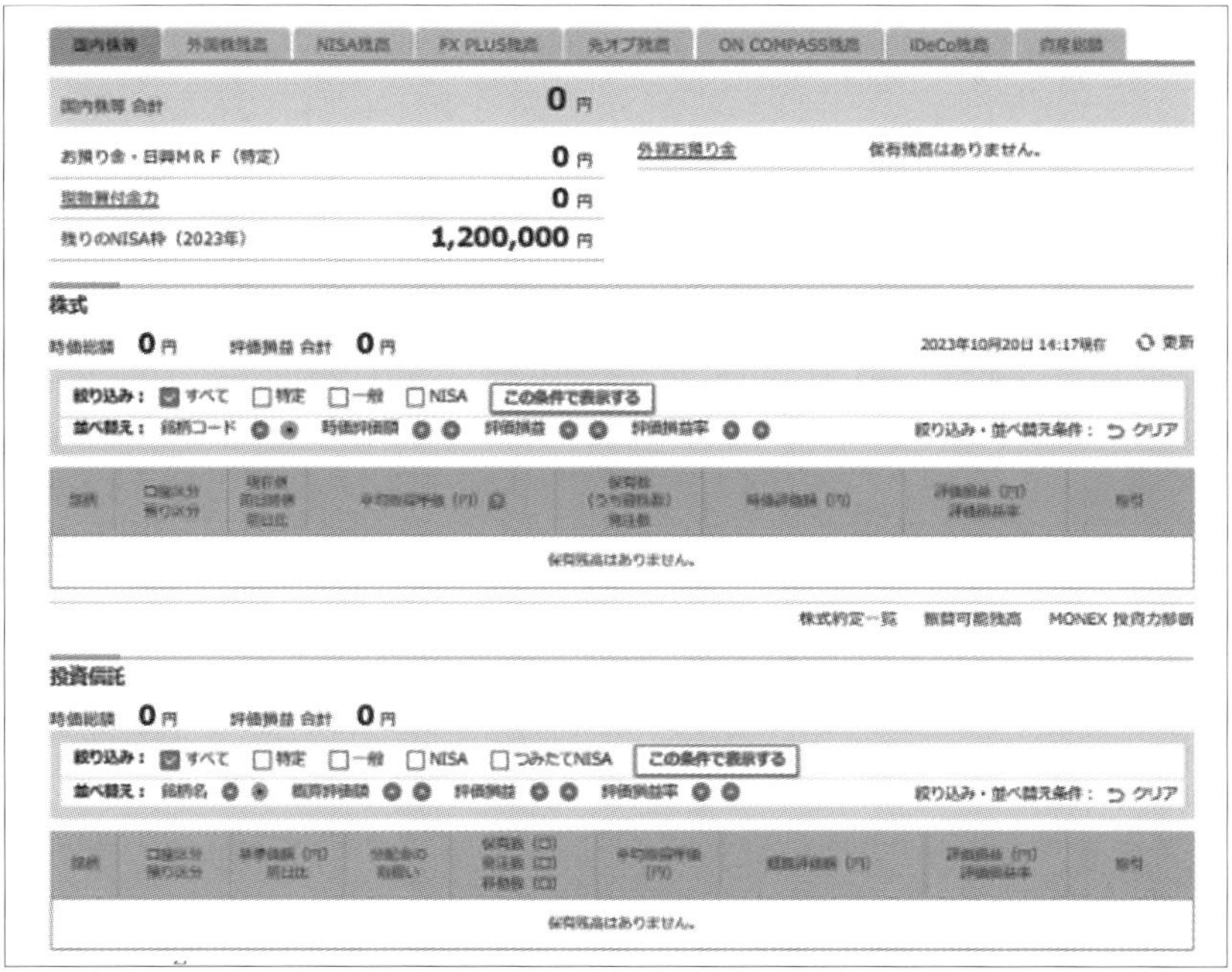

マネックス証券の損益情報の確認画面。メニューバーの部分にある「保有残高・口座管理」をクリックすれば、商品ごとの損益状況が確認できる。

とはいっても現実的には、最初の数ヵ月程度は気にしていても、いつの間にか興味が失せてしまうものです。ペットを飼い始めた頃はよく面倒をみていた子が、しばらく経つと親任せになるのと似ているかもしれません。しかし、投資に関しては、親が面倒を見てくれることはありません。月に1回の確認は必要です。

ただし、個別銘柄の株式を購入した場合は、毎日どころか、少なくとも半日ごとに相場をチェックすべきです。不意に株価が急落したような場面で、売り逃げることができないからです。

このようなことが面倒に感じる人は、個別銘柄を諦めた方が良いかもしれません。

運用状況の確認のしかた

マネックス証券の場合は、メニューバーの「保有残高・口座管理」をクリックすれば、商品ごとの損益状況も確認できます（前ページ参照）。

評価損が表示されている場合も、あせって売却（解約）しなくて大丈夫です。新NISAは長期投資用の制度なので、**短期間の評価損は目をつむっておくがまんが必要**です。ただし、その値下がりが納得のいかないものであったり、今後の上昇が見込むことができないといった場合は、早々に見切りをつけるのもひとつの方法です。

また、少し評価益が出ているような場合も、あせって利益確定するのではなく、**さらなる長期的な成長をじっくりと待つ**姿勢が必要です。

いずれにせよ、その基準価額や株価が適正といえるのかどうかは確認しましょう。投資信託であれば、毎月発行される**月次レポート**にも目を通しておきたいものです。

個別銘柄の株式に関しては、四半期ごとに発行される「四半期報告書（有価証券報告書）」を読んでおきましょう。四半期報告書に経営状況等の情報が記載されているからです。

なお、四半期報告書は「ＥＤＩＮＥＴ　金融商品取引法に基づく有価証券報告書の開示書類に関する電子開示システム」（https://disclosure2.edinet-fsa.go.jp/WEEK0010.aspx）にて確認できます。

月次リポートの例

サイズバランスファンド50

運用実績

月次レポート
2024年○月

基準価額・純資産の推移

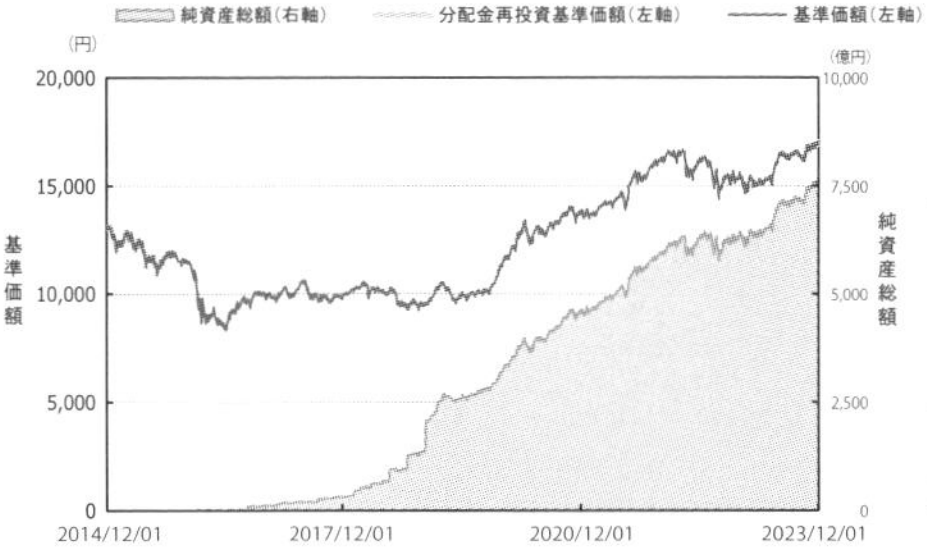

・当該ベンチマークの情報はあくまで参考情報として記載しており、ファンドの運用実績を表したものではありません。

基準価額・純資産総額

基準価額		16,075円
	前月末比	－395円
純資産総額		7,510億円

分配の推移（1万口当り、税引前）

決算期	分配金
2017年12月	5円
2018年12月	5円
2019年12月	5円
2020年12月	5円

決算期	分配金
2021年12月	5円
2022年12月	5円
2023年12月	5円
直近1年累計	55円

基準価額の騰落率（税引前分配金再投資）

	1ヵ月	3ヵ月	6ヵ月	1年	3年	設定来
ファンド	－2.4%	0.8%	16.8%	24.7%	82.0%	61.2%
ベンチマーク	－2.4%	0.8%	16.8%	24.5%	81.5%	62.3%

年間収益率の推移

・当該ベンチマークの情報はあくまで参考情報として記載しており、ファンドの運用実績を表したものではありません。

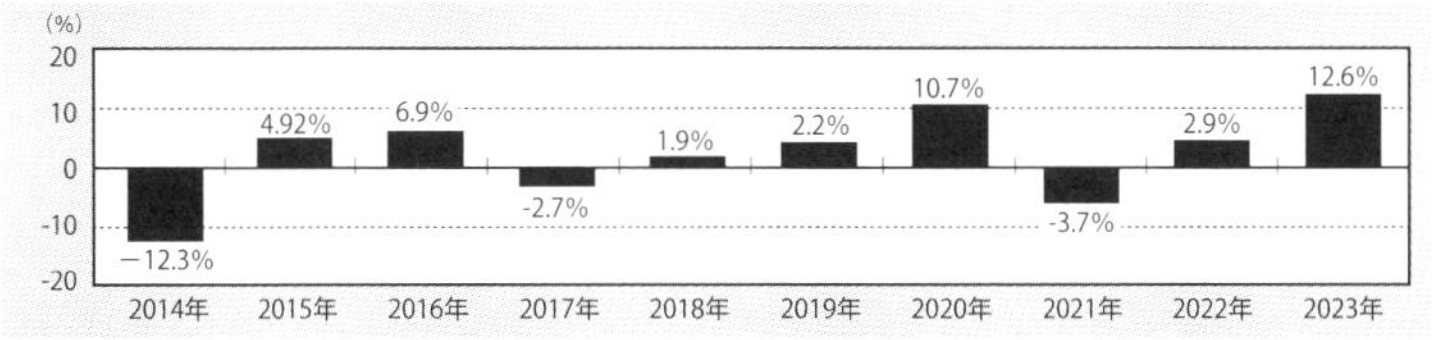

2

購入後のメンテナンス②

リバランス

当初のバランスは自然に崩れていく

複数の投資信託を購入することで、分散投資が実現できます。

もちろん、バランス型の投資信託をひとつだけ購入して分散投資をすることも可能ですが、投資に慣れてくると、さまざまな種類の投資信託を購入して、いつの間にか、どのような資産配分で投資をしているのかが分からなくなってしまうこともあります。

とはいえ、ネットに対応している多くの金融機関は、現在の資産配分がどのようになっているのかを、表やグラフで表示してくれます。マネックス証券であれば、左ページの「MONEX VIEW」によって、資産配分の状況を確認することができます。

複数の商品で運用していると、値上がりする商品もあれば値下がりする商品も出てきます。そ

マネックス証券で投資信託を買う

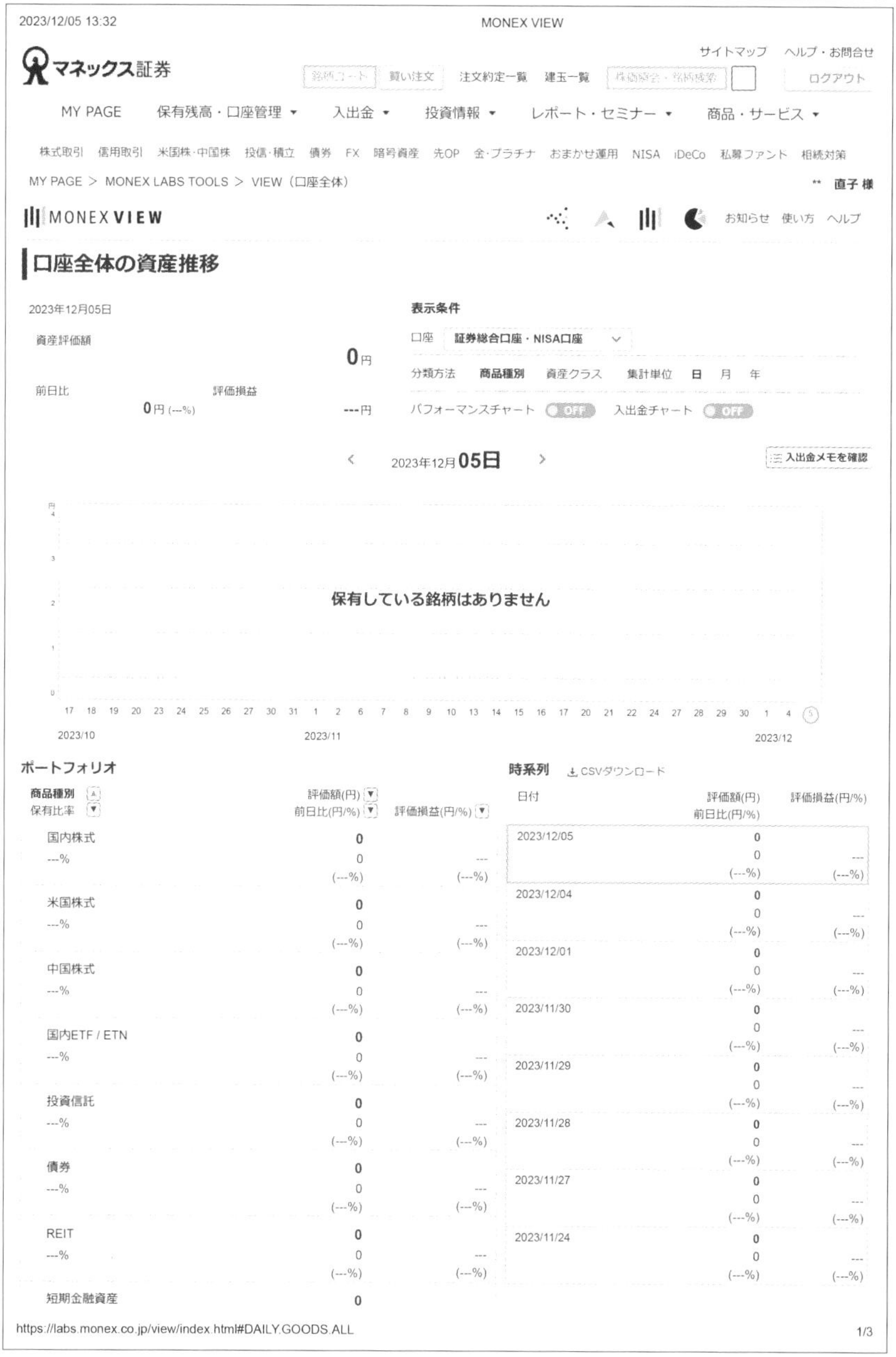

商品種別 / 保有比率	評価額(円) 前日比(円/%)	評価損益(円/%)
国内株式 ---%	0 0 (---%)	--- (---%)
米国株式 ---%	0 0 (---%)	--- (---%)
中国株式 ---%	0 0 (---%)	--- (---%)
国内ETF / ETN ---%	0 0 (---%)	--- (---%)
投資信託 ---%	0 0 (---%)	--- (---%)
債券 ---%	0 0 (---%)	--- (---%)
REIT ---%	0 0 (---%)	--- (---%)
短期金融資産	0	

日付	評価額(円) 前日比(円/%)	評価損益(円/%)
2023/12/05	0 0 (---%)	--- (---%)
2023/12/04	0 0 (---%)	--- (---%)
2023/12/01	0 0 (---%)	--- (---%)
2023/11/30	0 0 (---%)	--- (---%)
2023/11/29	0 0 (---%)	--- (---%)
2023/11/28	0 0 (---%)	--- (---%)
2023/11/27	0 0 (---%)	--- (---%)
2023/11/24	0 0 (---%)	--- (---%)

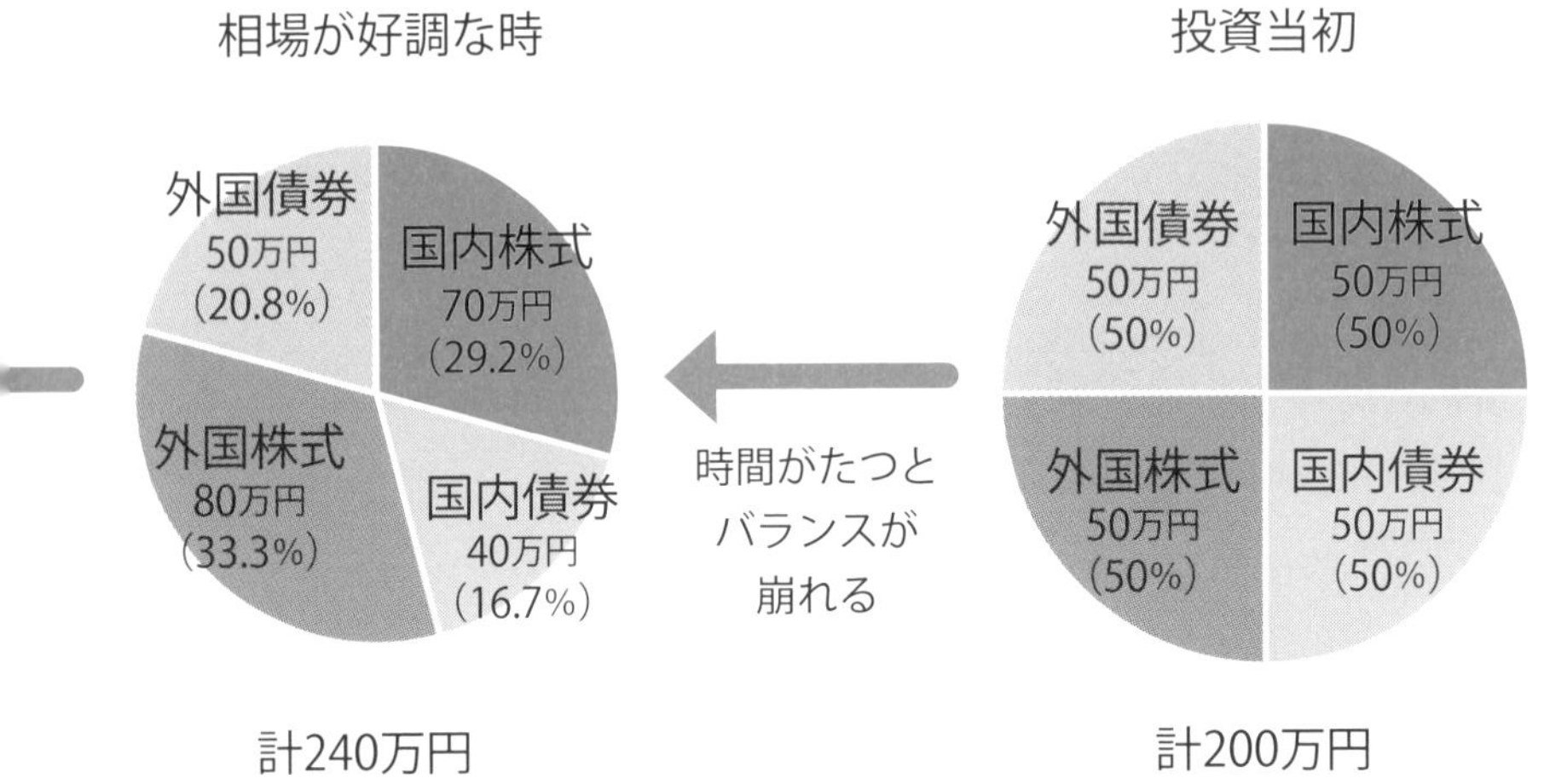

の結果、全体の資産配分のバランスが崩れてしまうことは多々あります。

そのような際に行っていただきたいのが、「**リバランス**」です。

手を加えてやれば長く続けられる

たとえば、上のグラフのように、①の国内株式・外国株式・国内債券・外国債券の投資信託を、それぞれ50万円ずつ（計200万円）購入したとします。

その後、②相場が好調で、資産評価額が計240万円と大きくなった場合、国内株式や外国株式の割合が大きくなってしまうことがわかります。そのため、当初よりもリスクの高い資産配分となっています。

ここで検討していただきたいのが「リバランス」です。

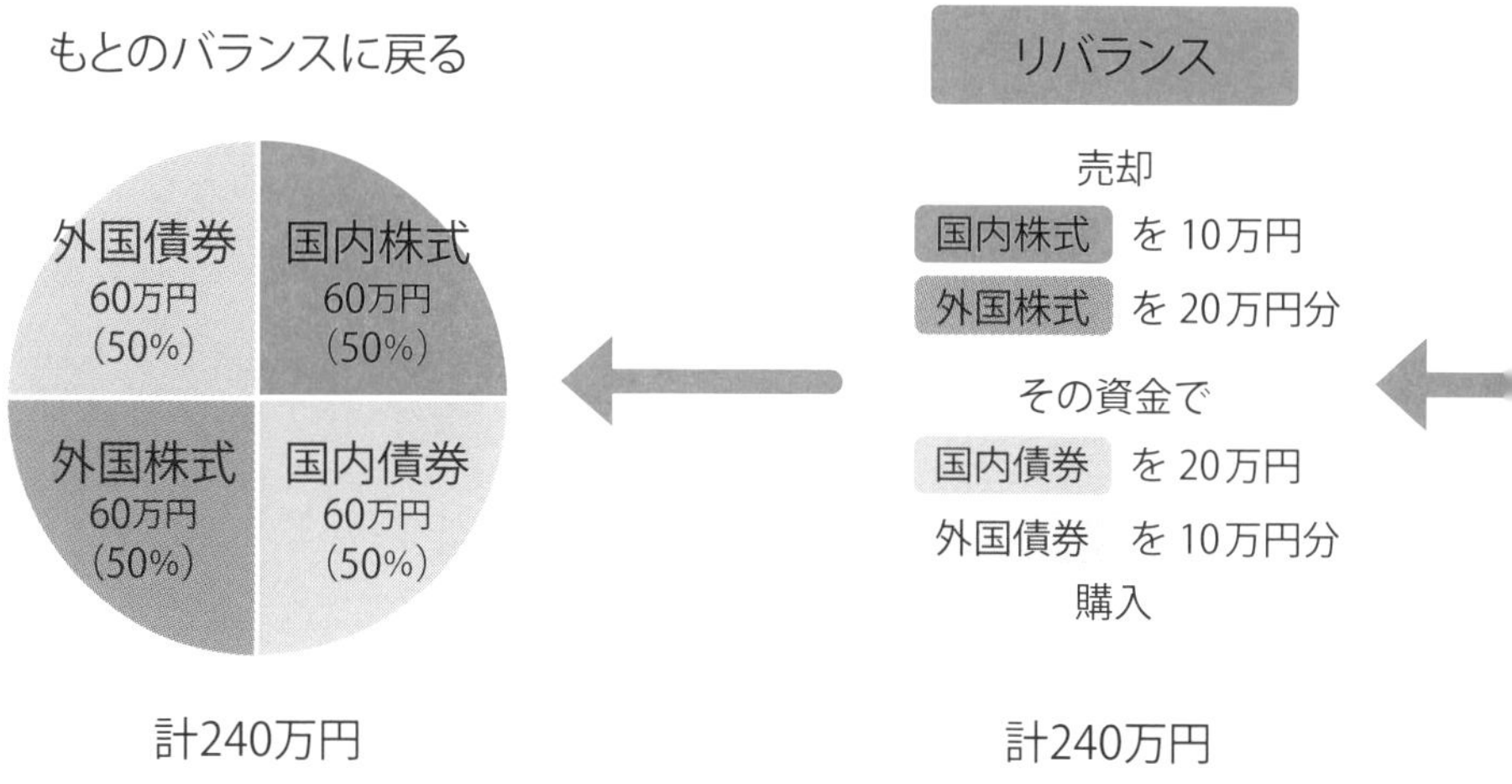

リバランスには、**バランスをもとに戻す**という意味があり、このケースでは、国内株式を10万円、外国株式を20万円分売却し、その資金で国内債券を20万円、外国債券を10万円分購入するのです。

これにより、投資当初と同じリスクの大きさで投資を続けることが可能となります。

同様に、相場が悪く、高いリターンが期待できる資産の割合が小さくなったときも、リバランスを行うことで、当初と同様のリターンを期待し続けることが可能となります。

ちなみに、バランス型の投資信託では、基本的にこのようなリバランスを行いながら運用しているので、メンテナンスのお手軽さの点で優位性があります。

3 基準価額が下がっているということは損をしているということ?

投資信託で多い誤解

じつは、投資信託の保有経験者の中でも、そのしくみを誤解している人がたくさんいます。やっかいなことに、投資に慣れていると自認している人ほど、固定観念を修正することができない傾向があり、間違いを指摘すると怒り出すケースまであります。

とくに、投資信託で多い誤解が次のようなケースです。

①基準価額が低い投資信託は、これまで値下がりしてきたから運用成績が悪い
②基準価額が低い投資信託は、安いのでお買い得

なぜこのような誤解をされるのか、正しくはどのように認識するといいのかを解説します。

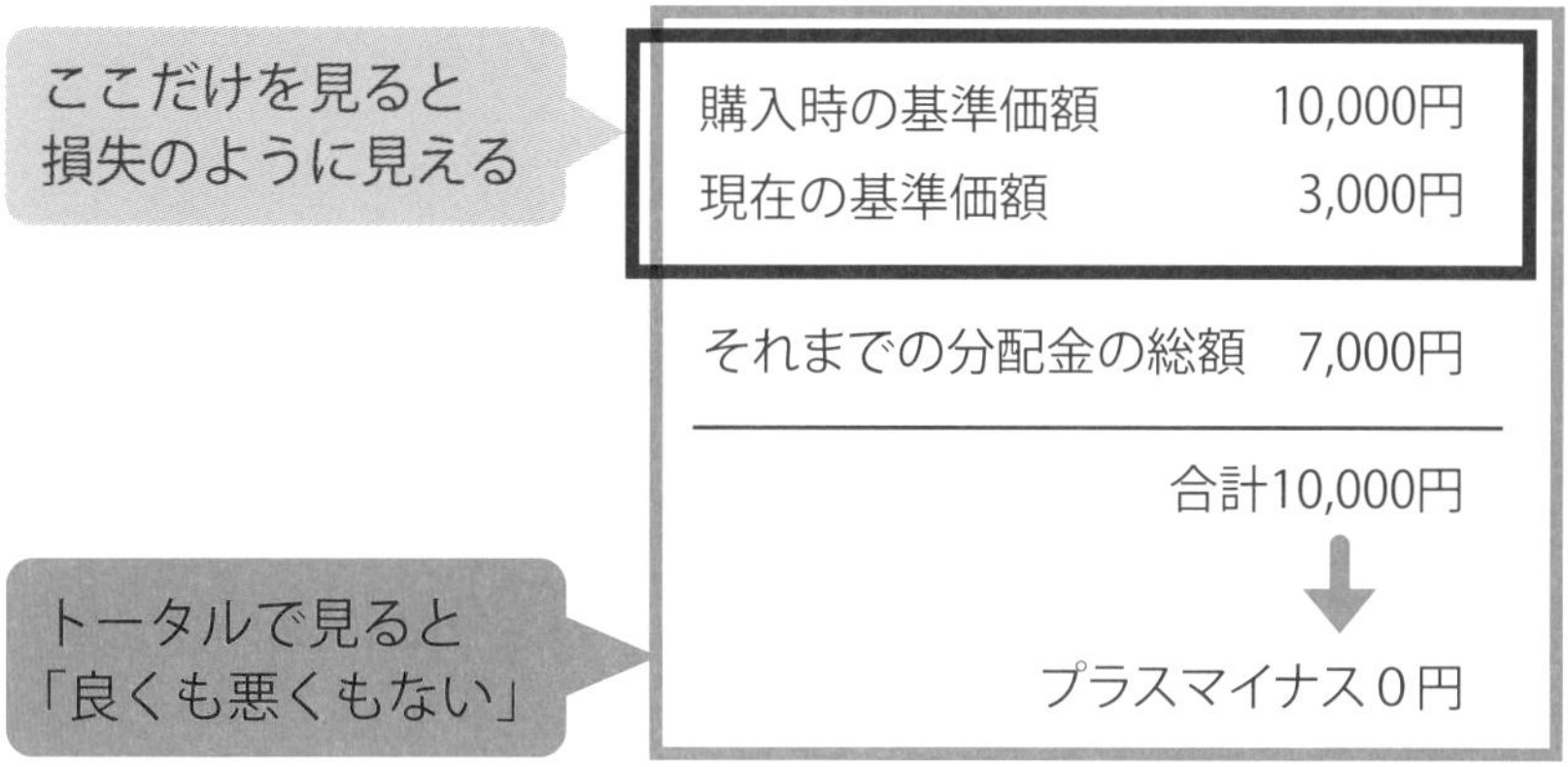

基準価額が低い投資信託は運用成績が悪いのか？

まず、「①基準価額が低い投資信託は、これまで値下がりしてきたから運用成績が悪い」という誤解に対して思い出していただきたいのが、分配金（１０２ページ）です。

投資信託の場合、分配金を出すと、その分だけ基準価額が下がります。しかし、「分配金を出したことで基準価額が下がる」ことと「運用成績の良し悪し」に関係はありません。

たとえば、今の基準価額が３０００円であっても、それまでの分配金の総額が７０００円であれば、合わせて１万円になるので、結果的に運用は**「良くも悪くもなかった」**と判断できるのです。

なお、投資信託の目論見書等では通常、「分配金を出さずに、そのまま運用を続けていたら、基準価額はこれくらいになっているはずですよ」という、「分配金込基準価額」（あるいは分配金再投資）

ある投資信託の基準価額の推移

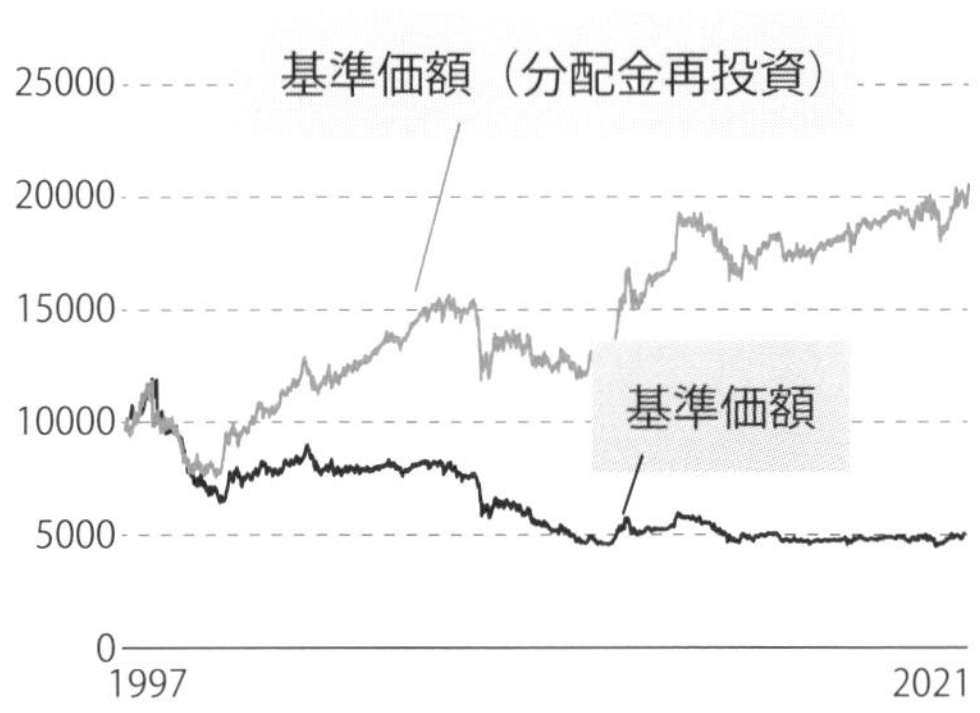

（1997年11月〜2021年11月）

というものを表示しています。

よって、「今の基準価額が1万円を上回っているから運用成績が良い」「1万円を下回っているから悪い」と単純に判断せず、**分配金込基準価額がどのように推移してきたのかで判断することが大切です。**

上のグラフは、毎月決算型と呼ばれるある投資信託のもので、頻繁に分配金を出すタイプです。そのため、基準価額は運用開始時の1万円から25年たって、4954円と、半分以下になっています。しかし、分配金込基準価額は、1万9240円と約2倍近くになっています。これも、基準価額のみで運用の良し悪しを判断していはいけない例と言えるでしょう。

基準価額が低い投資信託はお買い得なのか？

次に、「②基準価額が低い投資信託は、安いのでお買い得」ですが、これも結論を言うと、**基準**

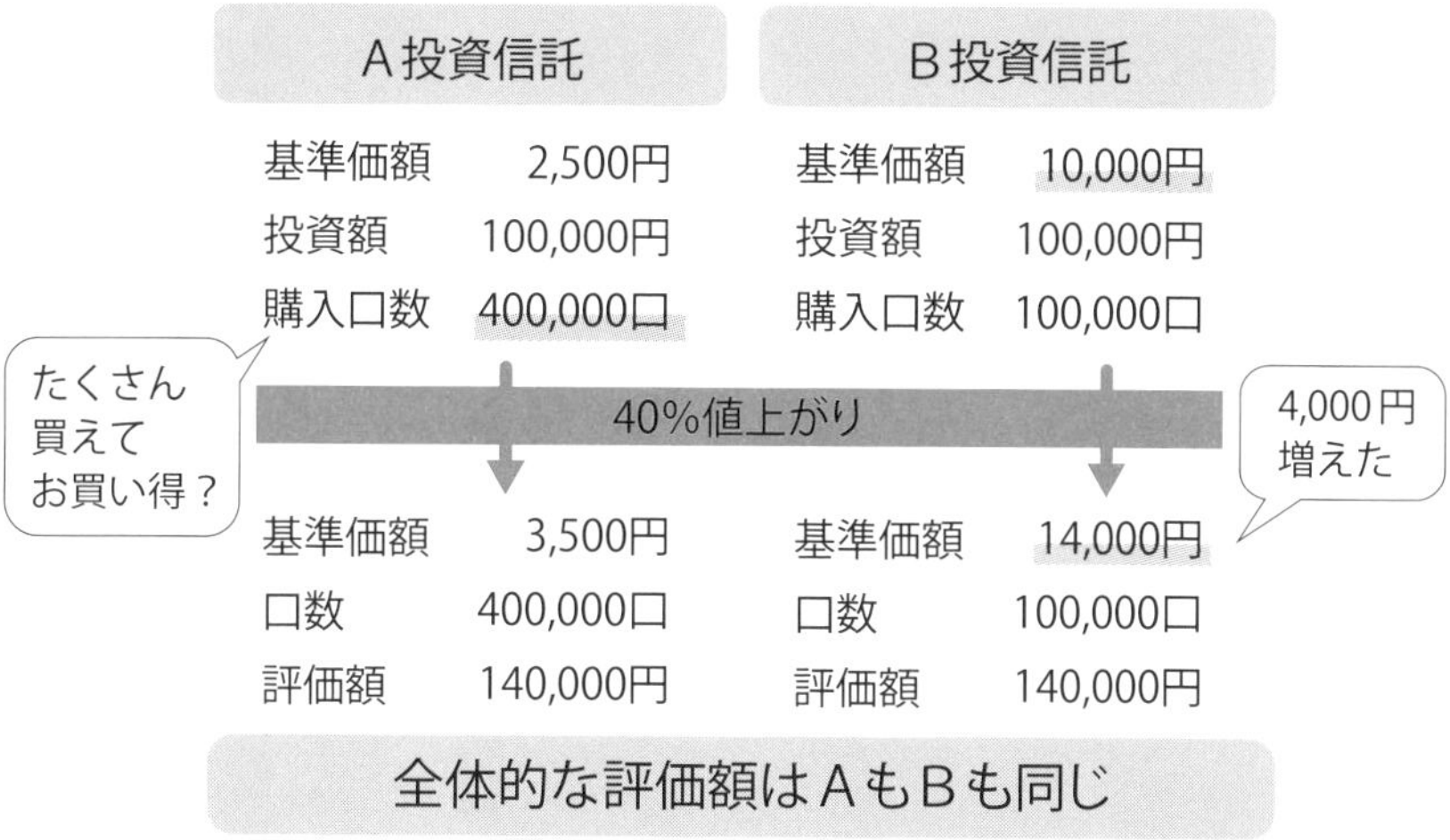

A投資信託
基準価額　2,500円
投資額　100,000円
購入口数　400,000口
B投資信託
基準価額　10,000円
投資額　100,000円
購入口数　100,000口
たくさん買えてお買い得？
40%値上がり
4,000円増えた
基準価額　3,500円
口数　400,000口
評価額　140,000円
基準価額　14,000円
口数　100,000口
評価額　140,000円
全体的な評価額はAもBも同じ

価額は得か損かに関係ありません。

上記の2つの投資信託は、どちらも同じ資産へ全く同じように運用する商品と考えてください。信託報酬率を含むすべての条件が同じで、唯一違うのは現在の基準価額だけです。

Bと比べると、Aの方が基準価額が低いため、購入口数は多くなります。

一見、お買い得のように感じるかもしれません。しかし、AもBも全く同じように運用しているため、理論的には片方が40%値上がりすれば、もう一方も40%値上がりするはずです。そのため、Aは1000円しか値上がりしていませんが、Bは4000円も値上がりしています。

結果的に、Aは購入口数が少なかったものの、全体的な評価額はBと同じになります。

4 人気のある商品を疑え

日本の投資家は投資が下手？

過去の運用実績が将来の運用成績を約束するものではないことを、ここまで読まれた方はもう理解されているはずです。

それでも、金融機関の担当者のアドバイスや風の便りで「この投資信託は売れている」「この投資信託は人気がある」と聞くと、少し心が揺れてしまうのではないでしょうか？

もし、どこかで投資信託の情報を見て、そこに「人気がある」と記されていたら、危険信号と思ってください。なぜなら、**「日本の投資家は投資が下手」**だからです。

欧米には、次のような格言があるそうです。

「最初にアメリカ人が投資する。値上がりはじめたところでヨーロッパ人が投資する。高値を付

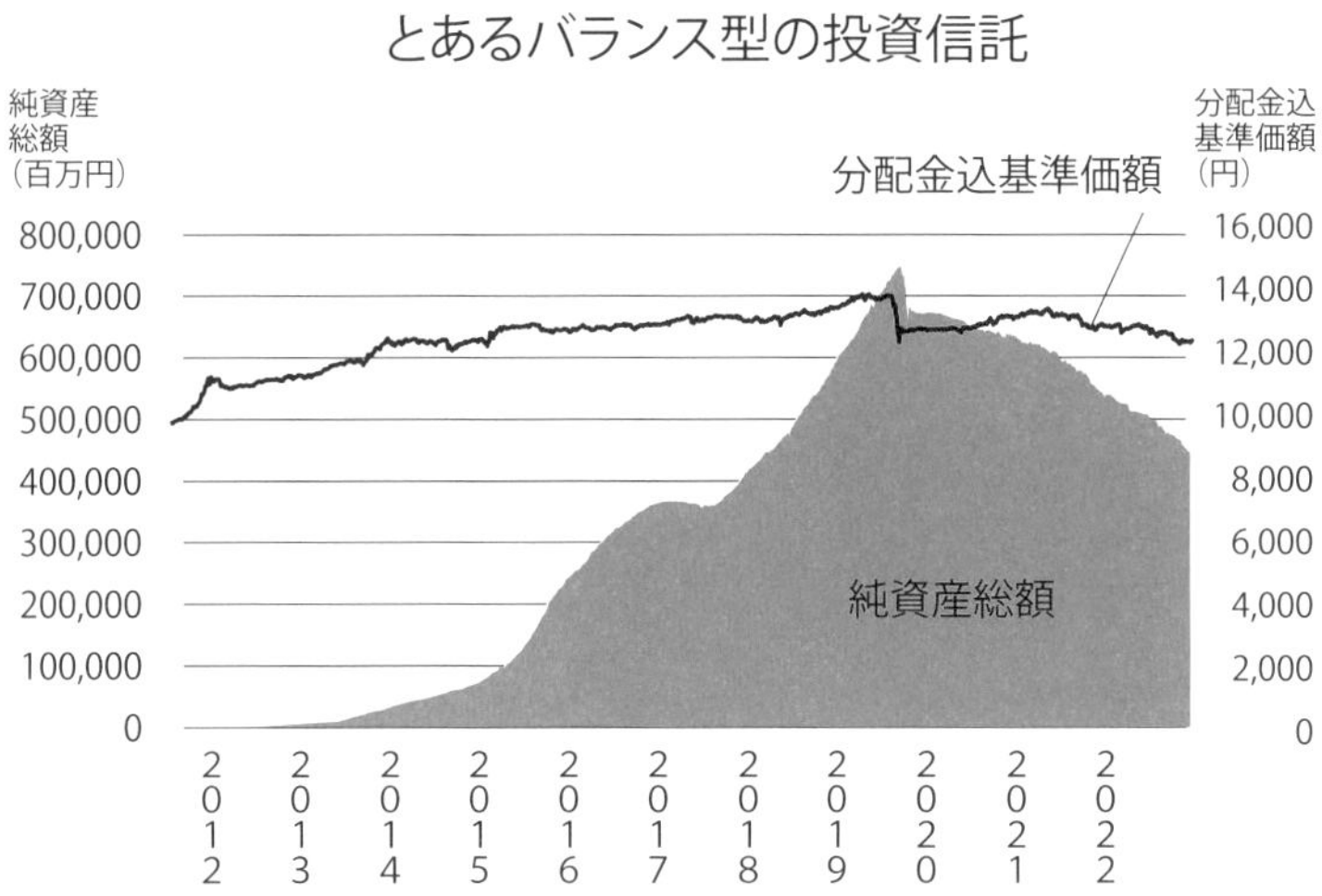

けたところに日本人が寄ってくるから、そうなったら逃げろ」

日本人としては腹立たしいですが、全否定できない現実もあります。

上のグラフは、とあるバランス型の投資信託の純資産総額と分配金込基準価額を示したものです。

一般的に、純資産総額が増えている商品は、投資の資金がたくさん流入し、人気が高まっていることを示していると考えられます。

この投資信託は、比較的リスクの低い運用をするコンセプトの商品で、２０２０年初頭あたりまで、着実に値上がりしてきました。

ところが、コロナショックによる暴落以来、その基準価額は頭打ちとなり、人気が低迷しています。純資産総額も減少の一途をたどっています。

この商品に限らず、投資信託の基準価額と純資産総額の動きを分析すると、似たような傾向を示すケースが多くなっています。次のようなループです。

①運用成績が良い（基準価額が上がる）

↓

②人気が高まり、純資産総額が増える

↓

③運用成績が悪くなる（基準価額が下がる）

↓

④人気が低迷し、純資産総額が減る（orあまり増えない）

↓

⑤運用成績が良くなる（基準価額が上がる）

↓

①に戻る

まとめると、値上がりすれば追いかけて、その後の値下がりをダイレクトに受け、値下がりする中で売却し、また値上がりし始めたものに手を出すという流れです。

だから投資をするなという話ではありません。

「敵を知り、己を知れば百戦危うからず」という孫子の兵法があるように、**「決して自分は投資が上手な方ではない」ことを知っていれば、高値掴みせずに賢く投資ができるようになるはずです。**人気に流されず、冷静に商品分析を行う姿勢を保ちましょう。

人気のアメリカ株式で運用する投資信託はどうか？

ここ数年、アメリカの株式で運用する投資信託の人気が高まっています。なかでも、「S&P500」に連動する運用を行う投資信託に人気があります。

次のページのグラフは、2023年11月までの30年間のS&P500の推移です。リーマンショック等の急落局面はありましたが、この30年のパフォーマンスは右肩上がりで推移しています。

このグラフを見れば、長期投資にうってつけの資産と考えるのは当然なのかもしれません。このような値動きを背景として、ここ数年、SNSや雑誌等で「S&P500」への投資が推奨される機会が増えています。しかも、２０２３年は円安ドル高の進行がパフォーマンスを後押ししました。

誰もが認める通り、アメリカは世界一の経済大国です。世界を代表する企業も、その多くがアメリカに集まっています。日本のように人口が減少していく不安もない上、新興国のようにクーデターが起こるようなリスクも高くありません。

「世界の株式の中で、リターンとリスクのバランスがもっとも良いのがアメリカの株式」と考える人がいても、仕方ないことでしょう。筆者自身も、アメリカの株式への投資は避けて通ることができないと考えています。

しかし、**妄信的にアメリカの株式の値上がりに期待することには注意が必要**とも感じています。

左上のグラフは、１９８９年12月末までのＴＯＰＩＸの

Ｓ＆Ｐの推移

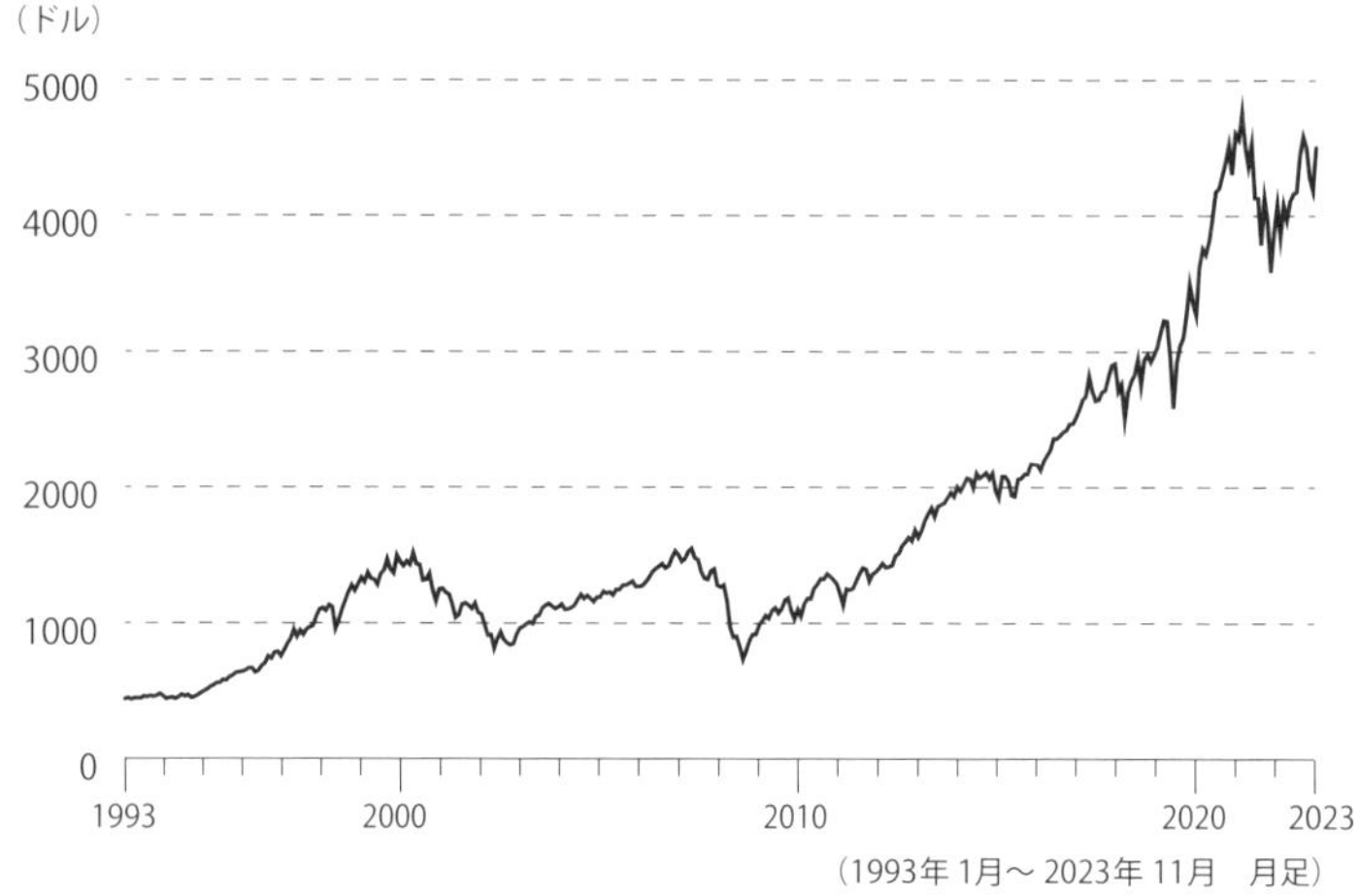

推移（30年間）です。右のＳ＆Ｐ５００の推移に似ていると思いませんか？

ちなみに、この当時は「ジャパンアズナンバーワン」という言葉も生まれ、日本経済が世界を引っ張っていると、日本人の多くが考えていた時代でした。

ところが、その後は「失われた10年」、「失われた20年」「失われた30年」と長い経済低迷の時代が続き、株価も低迷しました。ここ数年、株価もだいぶ回復してきましたが、30年以上経った今でも、ＴＯＰＩＸは最高値を更新していません。

なお、現在では世界第2位の経済大国となった中国の上海総合指数も、２００７年に最高値をつけて以来、現在は半分程度の水準です。

はたして、アメリカは日本や中国と違うのか、慎重に考えてみる必要はあるでしょう。

5 景気と経済成長を考える

「いつも以上」が基準

「景気が良い」「景気が悪い」——この言葉は日常でもごく自然に使われていますが、みなさんにとって、**「景気」とは何でしょうか？**

たぶん、はっきりと考えたことのある方は少ないでしょう。なんとなく、商売がうまくいっている状況や、暮らしが楽になっている状況をイメージして、あまり深く追究した経験はないはずです。

小学館のデジタル大辞泉では、景気のことを主に「売買や取引などに表れる経済活動の状況」、「活気があること。威勢がよいこと」と説明しています。おおむね、みなさんのイメージに近いかもしれません。イメージが近いからこそ、深く追究することはなかったかもしれませんが、これから皆さんが投資を始め、続けていく上で、「景気が良い」「景気が悪い」ことを理解することと、

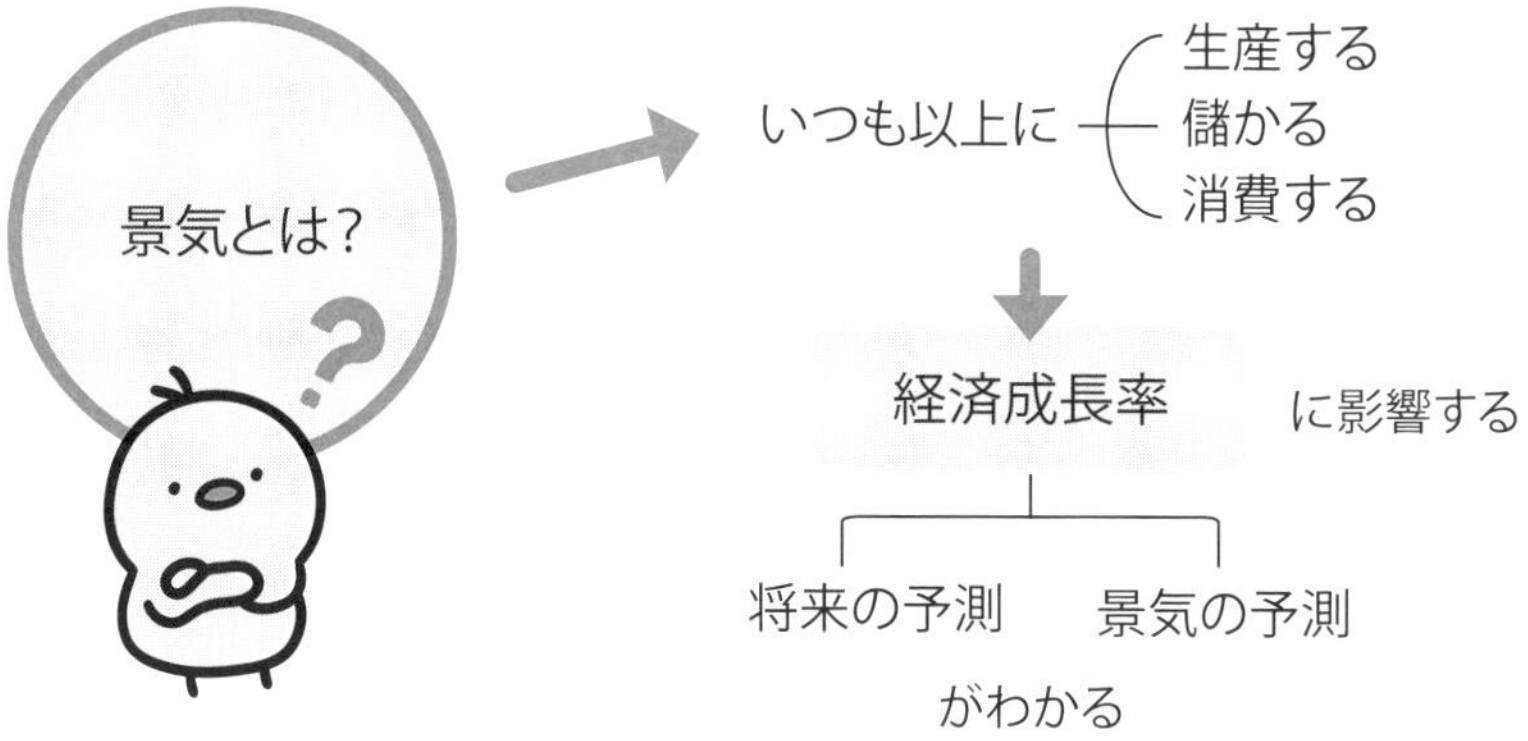

投資を始めたなら、確認は必須

「景気が良くなりそう」「景気が悪くなりそう」と考えることは、必須となります。

なぜなら、株式をはじめとする**投資の結果に与える影響が大きい**からです。

「景気が良い」状況をもう少し具体的に説明すると、「みんながいつも以上に仕事で儲かる」、「みんながいつも以上にお金を使う」、「みんながいつも以上に生産する」という状況です。

キーワードは**「いつも以上に」**です。

みなさんも、毎年1％ずつ給料が上がっている状況で、今年も1％給料が増えても、大してうれしくないはずです。でも、今年は特別に1・5％給料が上がったら、0・5％分だけちょっとうれしくなるはずです。この分が「景気が良い」イメージです。

逆に、0・7％しか給料が増えなかったら、もらえる額が増えていたとしても、「な〜んだ、こんなもんか」と思うはずです。例年の1％との0・3％分の差が、景気が悪いと感じる原因です。

前年に比べて給料が増えたりする割合のことを「**成長率**」と呼んでいます。そして、一人一人の給料だけではなく、国内で働く人全体の給料や消費額、国内の企業の生産額（付加価値）全体が増えた割合のことを「**経済成長率**」と呼んでいます。この経済成長率を見ることで、過去の景気の良し悪しや、将来の予測、景気も予測することが可能となるのです。

景気を考える上で参考になる数字

ただし、現実的に経済成長率を予測することは困難です。ましてや、諸外国の経済成長率となればなおさらです。

そこで活用したいのが、**ＩＭＦ（国際通貨基金）の「世界経済見通し」**です。１～２年先の経済成長率の予測を示してくれるので、ある程度の景気予測を立てる際に利用できます。

日本をはじめとする先進国は、例年の経済成長率が比較的低くなる傾向があります。一方で、中国をはじめとする新興国の経済成長率は高くなる傾向があります。よって、単に「日本より中国の方が２０２４年の経済成長率が高いから、中国の方が景気は良い」という判断になりません。

とはいえ、経済成長率が高いということは、今後、企業の生産額の増加も期待されるので、その国の株価が長期的に成長する可能性を秘めているとも考えられます。

長期投資を心がけるのであれば、短期の経済成長率以上に、長期的な経済成長率の推移をイメージしておくことも大切です。

世界経済見通し(WEO)による最新の成長率予測

(実質GDP、年間の変化率、%)	2022	2023（予測）	2024（予測）
世界GDP	3.5	3.0	3.0
先進国・地域	2.7	1.5	1.4
米国	2.1	1.8	1.0
ユーロ圏	3.5	0.9	1.5
ドイツ	1.8	-0.3	1.3
フランス	2.5	0.8	1.3
イタリア	3.7	1.1	0.9
スペイン	5.5	2.5	2.0
日本	1.0	1.4	1.0
英国	4.1	0.4	1.0
カナダ	3.4	1.7	1.4
その他の先進国・地域	2.7	2.0	2.3
新興市場国と発展途上国	4.0	4.0	4.1
アジアの新興市場国と発展途上国	4.5	5.3	5.0
中国	3.0	5.2	4.5
インド	7.2	6.1	6.3
欧州の新興市場国と発展途上国	0.8	1.8	2.2
ロシア	-2.1	1.5	1.3
中南米・カリブ諸国	3.9	1.9	2.2
ブラジル	2.9	2.1	1.2
メキシコ	3.0	2.6	1.5
中東・中央アジア	5.4	2.5	3.2
サウジアラビア	8.7	1.9	2.8
サブサハラアフリカ	3.9	3.5	4.1
ナイジェリア	3.3	3.2	3.0
南アフリカ	1.9	0.3	1.7
その他の情報			
新興市場国・中所得国	3.9	3.9	3.9
低所得発展途上国	5.0	4.5	5.2

出所：IMF、世界経済見通し（WEO）2023年7月改訂版

注：インドのデータと見通しは財政年度ベースを表示。2022/2023年度（2022年4月から）は2022年の欄に表示。インドの成長率を暦年ベースで見ると、2023年が6.6%で2024年が5.8%。

国際通貨基金　IMF.org

国際通貨基金ウェブサイト（https://www.imf.org/ja/Publications/WEO/Issues/2023/07/10/world-economic-outlook-update-july-2023より引用）

6 運用実績と将来予測は別

過去の実績をどのくらい重要視する？

前項で紹介したIMFの世界経済見通しですが、単なる予測なので、この数字が実際の経済成長にピッタリ当てはまると妄信しないでください。IMFも、数カ月後にシレっと数字を修正することもあるくらいです。それくらい、**将来を予測することは難しい**のです。

左のグラフは、ある投資信託の運用実績です。途中、多少の値動きはあるものの、約9年で30％以上の値上がりとなっています。実際、当時はこの投資信託の評価は高く、投資信託を評価する企業「モーニングスター」の選考による「ファンドオブザイヤー」も受賞していたくらいです。人気も高く、金融機関での販売量も増えていたようです。

ある投資信託の運用実績

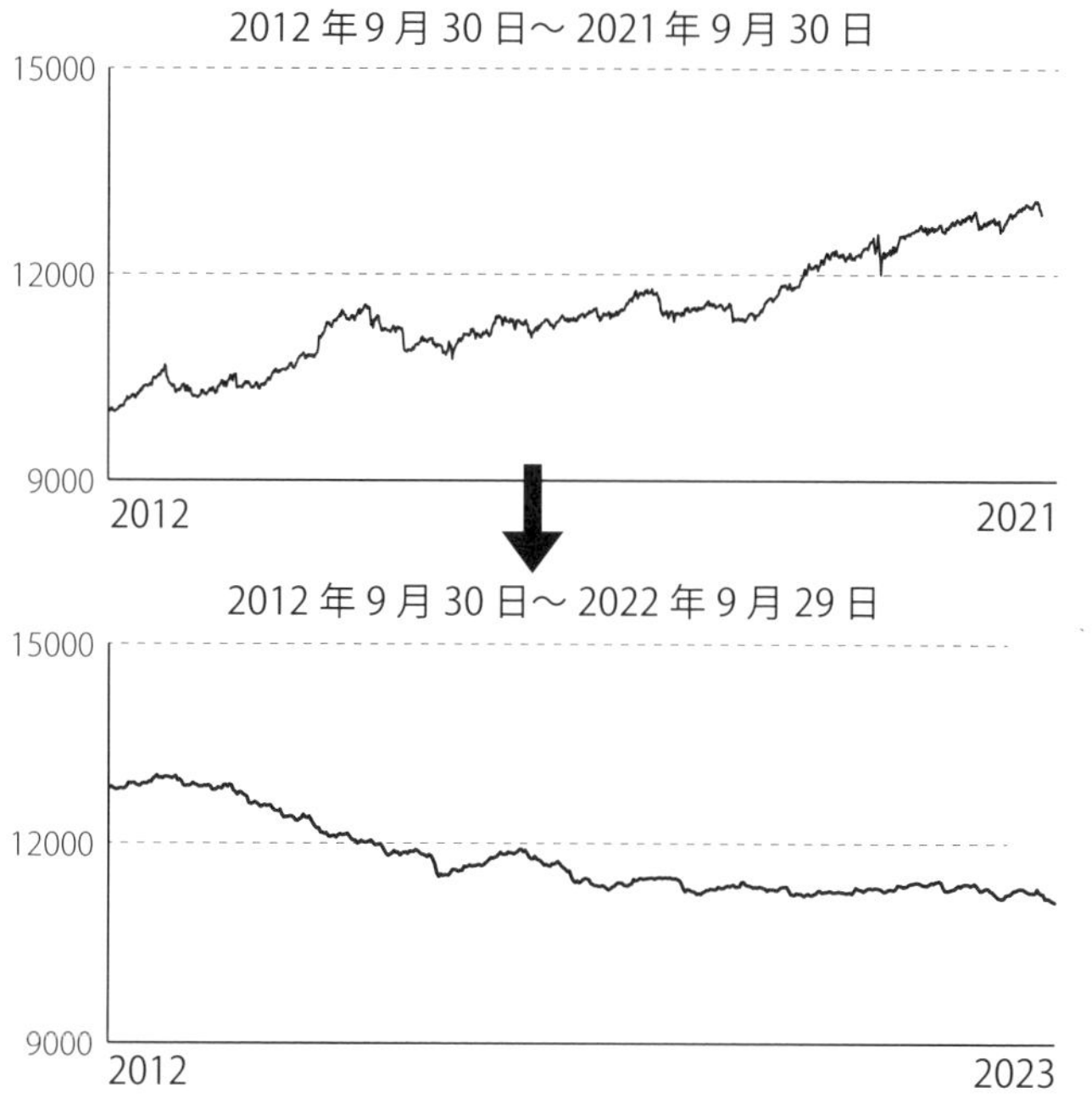

ところがその後、グラフで分かるように基準価額は低迷し、２０２３年９月30日までの２年間で約10％値下がりしています。

私たちが投資信託を選ぶときは、当然、過去の実績を確認する必要があります。過去の実績が低迷している商品に、今後の値上がりは期待しづらいからです。

もし今、私たちが２０２１年９月にタイムスリップしたら、この商品を購入することなどないでしょう。値下がりする未来を知っているからです。

しかし、現実的にそんなことは不可能です。だからこそ、私たちは商品を選ぶときに心がけることが必要です。

「目の前にある情報は単なる過去の実績。このまま続くかどうかは未確定」

であることを。

過去の実績や評判だけで判断してはいけない

これまで、ファイナンシャルプランナーとして投資信託のしくみ等を説明している中で、投資初心者の方々に「とりあえず過去の実績に目が行く」という共通点があることを強く感じます。

直近1年間や3年間の運用実績がマイナスだったりすると、それだけで見向きもしないという方が多い印象があります。

左上のグラフ①は、ある投資信託の2008～2012年における基準価額の推移です。

当初パフォーマンスが低迷(−4・68%)していたことが分かります。しかし、その後の10年間(②)は＋25・61%となっています。

かつて大人気だった商品なので、この10年間は悪く言われることが多かったのですが、運用自体は好調でした。

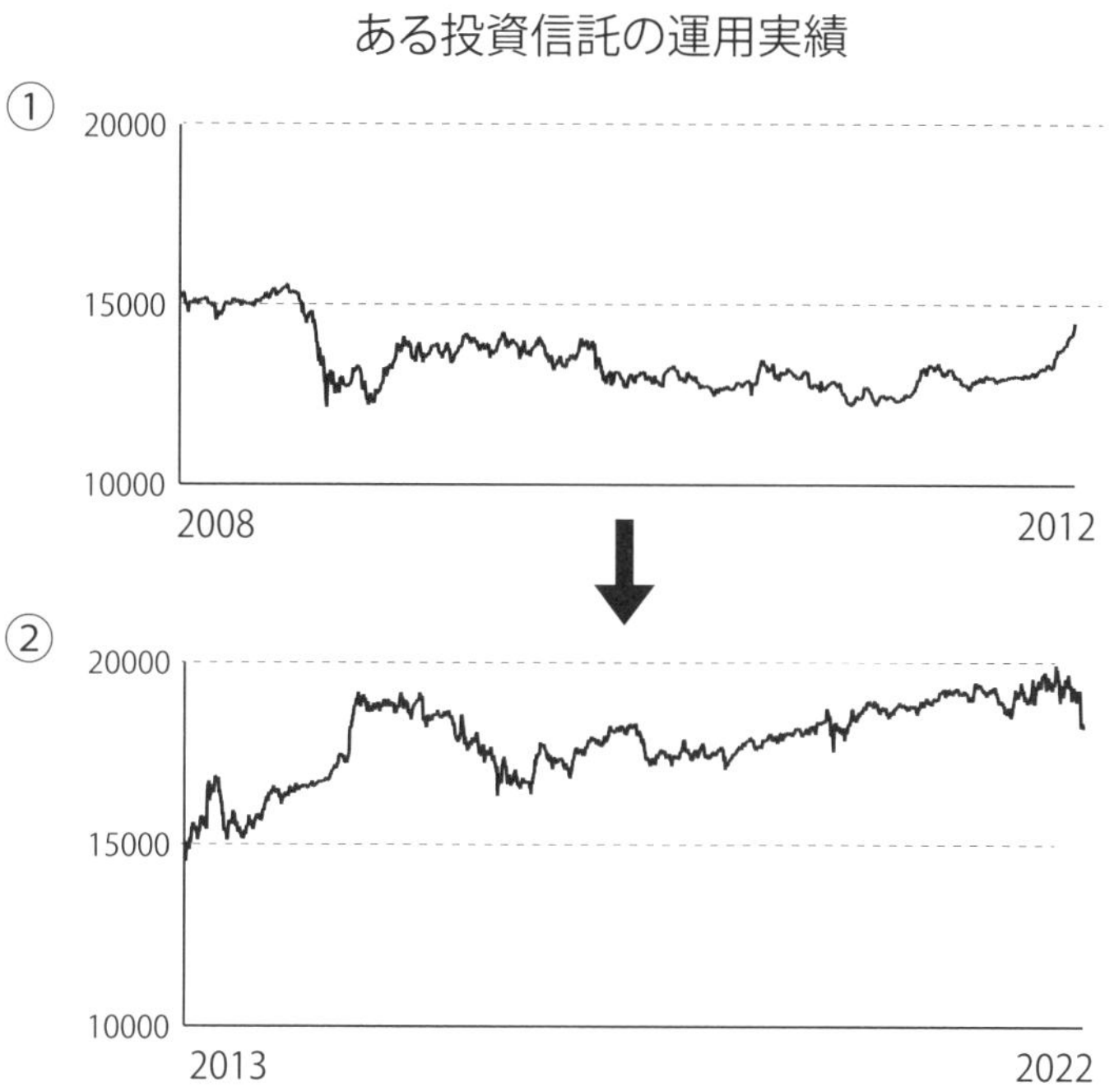

繰り返しになりますが、投資信託を選ぶ際には、**過去の実績や評判だけで判断してはいけない**のです。

7

円高・円安についてどう考える？

２０２３年は、円安の傾向が顕著でした。投資において円安は歓迎される向きが強いため、多くの投資信託のパフォーマンスに好影響を与えていました。

直接的に円安の恩恵を受けるのが、外国資産で運用する投資信託です。単純計算で、１ドル＝１００円から１ドル＝１２０円と20％の円安となれば、投資信託の基準価額も20％程度の値上がりが期待できます。

「金（ゴールド）」で運用する投資信託も、円安による値上がりが期待できます。金はドル建てで売買されているからです。

さらに、間接的に恩恵を受けると考えられるのが国内株式です。上場企業には輸出に頼る会社が多いため、円安により外国企業との価格競争力が高まり、利益が増えやすくなると考えられるからです。そのため、一般的に円安は国内株式の上昇要因となります。

円安を好感する資産・しない資産

	国内株式	国内債券	外国株式	外国債券
円高	×	○	×	×
円安	○	×	◎	◎

ただ、中には円安を好感しない資産もあります。その代表例が国内債券です。外国の投資家が円を買うと、ただ現金で置いておくのももったいないので、債券を購入するなどして、ある程度の利息収入を狙います。

しかし、円安の局面においては、そのような外国の投資家が円を売る前段階で、持っていた国内債券を売るケースも増えてくるので、債券価格が下がりやすくなります。

さて、このまま円安傾向は続くのでしょうか？

それは**誰にも分かりません**。

「分からない」ことに不安を感じる方もいるでしょう。しかし、あなたが長期投資を心がけるのであれば、**為替リスクを無視する**という方法も考えられます。

為替ヘッジ（92ページ）を付けた投資信託とつけていないものの推移を長期的に比較すると、大して変わりません。つまり、長期的に投資を続けるのであれば、為替のリスクについては、**あまり気にしない**というのもひとつの方法なのです。

8 長期投資のための出口戦略

ここまで何度か、「新NISAは長期投資用」と記してきました。

ただ、「さすがに1〜2年くらいで**利益確定**（儲かっている時に売却）、あるいは**損切り**（損をしている時に売却）してもいいだろう」と感じる方もいるはずです。

もちろん、短期的でも値下がりが明白である時や、不自然な値上がりを示したときは、瞬時に売り逃げることも検討すべきでしょう。とはいえ、そのような短期的な現象を見極めることができるのは、投資のプロを自称している人の中でもほんの一握りです。

「株式投資は7割の人が損をしている」と言われます。ここで言う「株式投資」は、頻繁に個別銘柄の株式を売買するケースを意味しますが、とくに年齢的に現在70〜80歳くらいの多くの方々が、現役時代の頃に株式投資で失敗しています。

彼らが失敗した大きな原因のひとつとして、「短期的な儲けに走って、**資産を長期的に成長さ**

せる視点に欠けていた」ことが挙げられます。

象徴的なのが、当時使われていた、「財テク」という言葉です。高度な技術を意味するハイテクをもじり、「財務」や「財産」を殖やす手段をまとめて「財テク」と呼ばれていたようです。小手先の株式取引で金を儲けようとしていた姿が思い起こされます。

彼らが夢見ていたのは、短期的に大儲けすることであり、考え方は投機やギャンブルに近かったと言えるでしょう。

しかし、ここまで読み進めたあなたなら、新ＮＩＳＡは短期投資用のものではないことを理解していただけるはずです。

新ＮＩＳＡにおいて、つみたて投資枠で購入できるのは、投資信託のみとなっています。少し遊べる枠を残してはいるものの、**投資信託によって長期的な資産運用をしてほしいという政府の意図**が読み取れます。

新ＮＩＳＡを有効活用するのであれば、短期の儲けは後回しにして、今ある資産やこれからの収入を、長期的に育てる意識を持って商品を選び、「売却のタイミングをはかる」というよりも、売却するタイミングをゆっくり待てるだけの時間的余裕を持っておくことが必要です。

9

投資信託の売り時はいつ？

売却しなければ損益は確定しないけど…

「投資は買うより売る方が難しい」

これは、昔から使われている投資の格言です。投資経験のある方はすでに実感されているでしょうし、初心者の方も投資をスタートすればすぐに実感するはずです。

たとえば、購入した投資信託の基準価額が値上がりしても値下がりしても、売却しなければ損益は確定しません。この確定しない儲けや損失のことを「**評価損益**」と呼んでいます。

売らなければ儲けがさらに増える楽しみがありますが、売った瞬間にその楽しみは消えてしまいます。もちろん、その後値下がりする不安から解消されるというメリットはありますが、どうしても心理的に前者の方が勝ってしまうため、ズルズルと持ち続けてしまうケースが多くなって

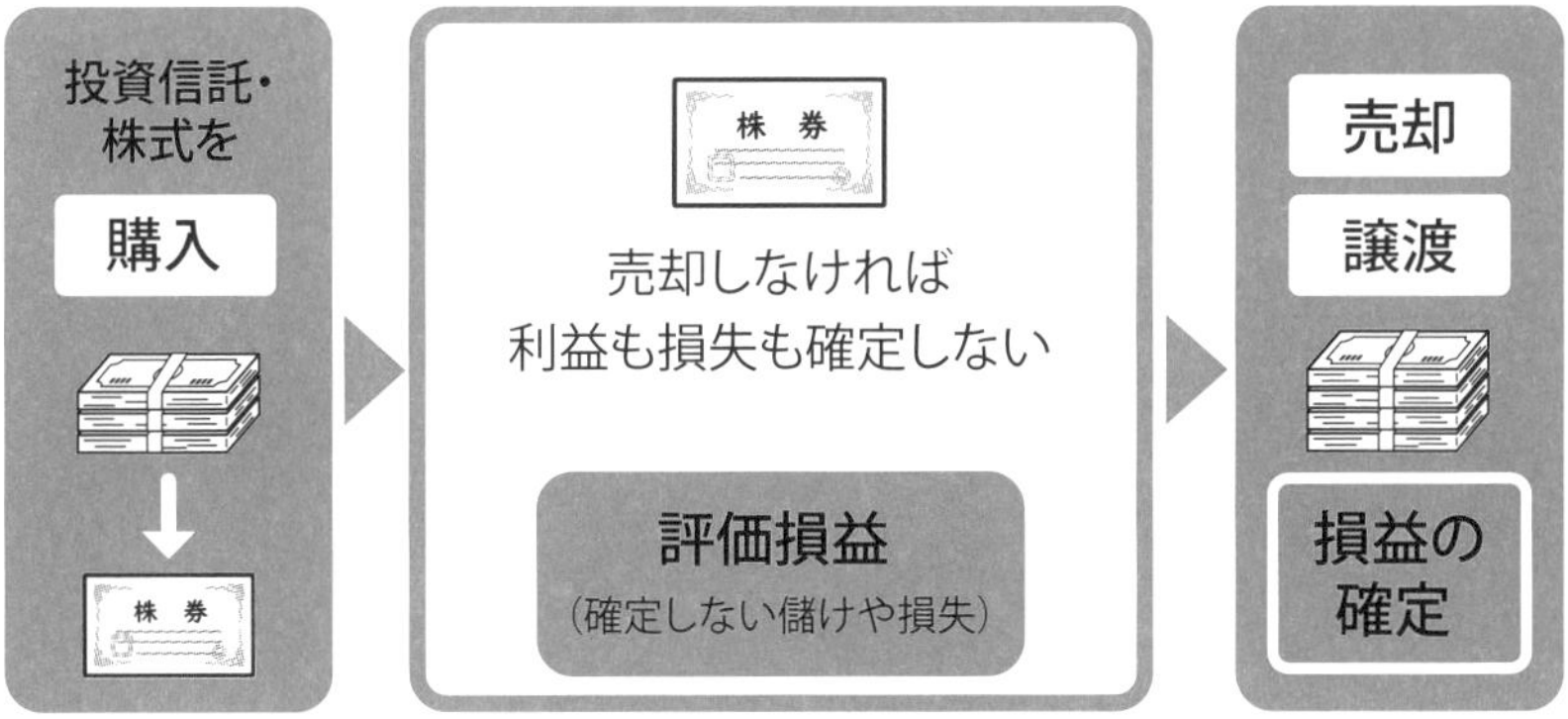

しまいます。

新NISAのメリットのひとつ「非課税投資期間の無期限化」により、値下がりしても、じっと値上がりを待つ余裕ができました。

ただ、無期限となってしまうと、「いつか、そのうち、値上がりするだろう」というあいまいな時間設定でも投資が可能となってしまいます。

余裕をもって気長に長期投資を行うべきですが、何も目標設定もせずダラダラと続けてしまうのは、**「塩漬け」の危険信号**です。

ルールや目的を決めておくと塩漬けを回避しやすい

それを避けるためには、購入する段階で、

「〇円まで値上がったら解約（売却）する。×円まで値下がったときも解約（売却）する」

「毎年5%ずつ値上がりする予定。それを大幅に上回る（下回る）場合は

	7月	8月	9月	10月	11月	12月	
	8,000円	9,000円	8,000円	7,000円	8,000円	8,000円	
	8,000円	9,000円	8,000円	7,000円	8,000円	8,000円	売却総額 95,000円
	10,000口	10,000口	10,000口	10,000口	10,000口	10,000口	売却の数 120,000口
	7,780円	7,780円	7,780円	7,780円	7,780円	7,780円	売却総額 93,358円
	9,725口	8,644口	9,725口	11,114口	9,725口	9,725口	売却の数 120,000口

解約（売却）を検討する」

などといった、**自主的なルール**を定めておくと良いでしょう。

また、投資する段階で、**「○○に使うための資金」**と決めておくのも有効です。

たとえば、子どもの教育資金用と決めておけば、大学入学時といった形で、投資のゴール地点が定まる点で有効です。ただし、子どもが小さいときであれば長期投資も可能ですが、中学生や高校生になると時間的な余裕がなくなってくるので、投資のゴールは大学入学より何年か手前に設定した方がベターでしょう。

売る時も「継続」を利用するのが賢い方法

年初 評価額 120,000円 口数 120,000口	基準価額の推移						
		1月	2月	3月	4月	5月	6月
	基準価額	10,000円	9,000円	8,000円	7,000円	6,000円	7,000円
	A 同じ数量ずつ売却						
	売却額	10,000円	9,000円	8,000円	7,000円	6,000円	7,000円
	売却口数	10,000口	10,000口	10,000口	10,000口	10,000口	10,000口
	B 同じ金額ずつ売却						
	売却額	7,780円	7,780円	7,780円	7,780円	7,780円	7,780円
	売却口数	7,780口	8,644口	9,725口	11,114口	12,966口	11,114口

結果的に、高値で一気に売却できれば大儲けを実現できるでしょう。ただ、それが本当に高値なのかどうかは別の話です。そもそも難しい売り時を、一時点に決めるのはより難解であると言えます。

そこで、**継続投資**（29ページ）を思い出してみてください。コツコツと積み立てて買うことが賢いという投資法です。

実は、これと似たような形で売るのも賢い方法です。

ただし、まったく同じではいけません。コツコツ買う場合は、「同じ金額ずつ」で続けることにポイントがありましたが、売る場合は「**同じ数量ずつ**」（A）がポイントになります。

その方が、「同じ金額ずつ」（B）よりトータルで高く売ることができるでしょう。

10 ライフプランと新NISA

いくら儲かっても税金がかからない新NISAは、とても魅力的なしくみです。

ただし、投資である以上は、大きな損失を招く可能性を否定できない、両刃《もろは》の剣でもあります。

大金持ちで「数千万円くらいなくなっても平気」という人であれば、好き勝手に投資していただいて結構ですが、多くの人は余裕資金の一部で新NISAで運用するという形になるでしょう。

大幅に資産が減少することになれば、家計の崩壊を招くことにもなりかねません。だからこそ、リスク許容度の把握が重要であることも示しました（44ページ）。

ぜひ、投資をする前に、**今後のライフプラン**について考えてみてください。その上で、「いつ、何にお金が必要なのか？　どの程度の金額が足りないのか？」を把握し、**足りない分を賄う手段として**、新NISAの活用を検討してみてください。お金が必要である理由や内容によっては、あえて新NISA以外の手段の方が有効なケースもあります。

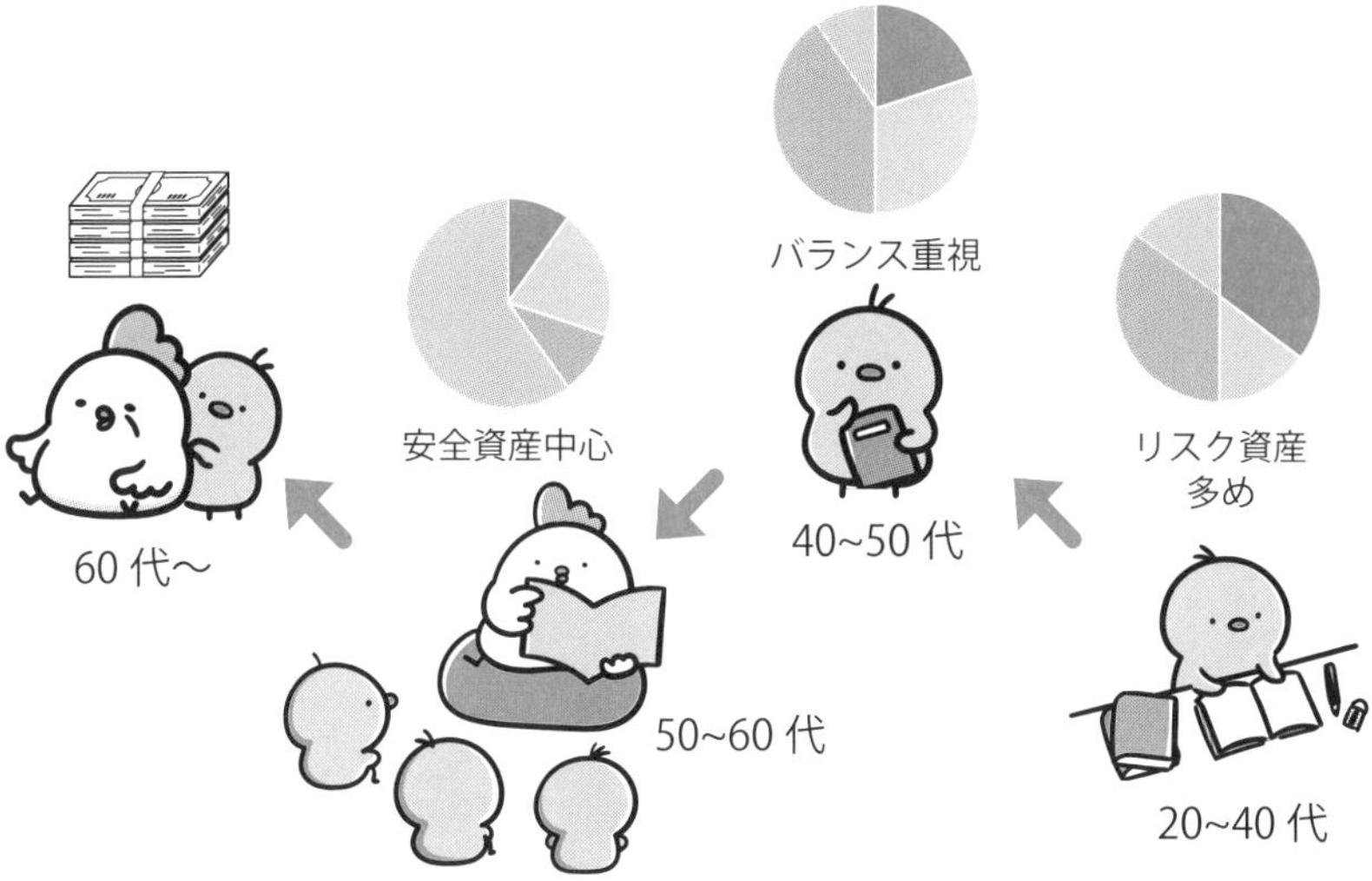

たとえば、**i《イ》De《デ》Co《コ》**（個人型確定拠出年金）です。iDeCoも、新NISA同様、運用益に対して課税されない上に、投資した金額全額が所得控除されます。その代わり、原則として60歳以降にならないと現金化できません。よって、60歳以降に使うようなお金を、毎月の収入から積み立てるのであれば、新NISAではなくiDeCoを利用する方法も考えられます。

また、投資ではなく確実にお金を貯めたいのであれば、保険料控除の対象となる、個人年金保険に加入する方法も考えられます。

「新NISAが唯一無二」と考えて、すべての資産や収入をつぎ込むのではなく、**人生という長い期間における資産形成のひとつ**として、その他の手段とうまく組み合わせて活用することが大切なのです。

おわりに

筆者は、20歳前半の時から投資を経験しています。父が株式投資にはまっていたこともあり、学校へ行くのと同じ感覚で投資を始めていました。

当時は「投資で儲かったら税金を納める」義務もあったので、投資をしている人は少数派、むしろ変わり者の部類だったかもしれません。

そんな筆者ですが、新NISAをきっかけとして、これまでなんとなく投資を遠巻きにしていた方が、もっと投資の世界に参加してくれることを祈って、ここまで書いてきました。

ただ、「新NISAの良さばかりに目を奪われてしまい、投資の怖さを見逃してしまうのでは?」という不安があります。

「よくわからないけど、とりあえず新NISAで投資を始めました」

こんなケースは実際に存在するのです。

筆者が何より願っているのは、数年後、数十年後の未来に向けて資産を成長させ、今思い描いているライフプランを実現することです。

そして、あわせて願っているのは、あいまいな知識をもとに投資をして、損失をこうむってしまわないこと、もしみなさんが投資で損失を抱えた時に「こういう時があるのも分かっていた」と落ち着いて対応できることです。

ピンチの時にこそ、事前に準備していたことの意義が見出せるはずです。もし、相場が急落したような際には、ぜひもう一度、本書をご覧ください。

なお、金融機関の手続きの具体例として、マネックス証券さんに多大なるご協力を賜りました。ささやかですが、ここに御礼を申し上げます。

本書によって、みなさんの「よくわからないけど……」が少しでも解消され、「初めてでも簡単にできそうだな」と思ってもらえれば幸いです。

投資という存在のハードルが下がり、それでもみなさんが慎重にそのハードルを乗り越えていく、そんな姿を思い描き、筆を置かせていただきます。

【著者】

小山信康（こやま・のぶやす）

ＣＦＰ®、FP技能士１級、１級企業年金総合プランナー。家計の見直し・進学資金準備から中小企業の財務等、資産形成に関する幅広いサポートを行っている。

主な著書は『5,000円から始める確定拠出年金』『5,000円から始めるつみたてNISA』（小社刊）など。

ホームページ　https://flyfe.net/

口座開設から銘柄選定・利益確定まで

ファイナンシャルプランナーが
手取り足取り教える 新NISA

2024年 1月22日　第一刷

著　者　小山信康

発行人　山田有司

発行所　株式会社　彩図社
東京都豊島区南大塚3-24-4
MTビル　〒170-0005
TEL：03-5985-8213　FAX：03-5985-8224

印刷所　シナノ印刷株式会社

URL　https://www.saiz.co.jp
https://twitter.com/saiz_sha

 ISBN978-4-8013-0688-2 C0033